"体を楽器"にした音楽表現

リズム&ゲームにどっぷり！
リトミック77選

神原 雅之 編著

明治図書

はじめに

　本書は，幼児・児童を対象とした，だれでも参加できる楽しいあそびを提案しようとするものです。とりわけ，子ども（幼児・児童）と大人のコミュニケーションを促すリズム・ゲームについて，できるだけ具体的に言及したいと思います。

　本書に掲げた実践の底流にある考えは，次の3点に集約されます。

▶視点1：音楽体験の質を高めよう

　幼児期・児童期に経験するさまざまな事象は，一人ひとりの心身の成長・発達に大きな影響を及ぼします。つまり，子どもは周囲の環境や人とどのようにかかわるのか，がポイントとなります。一人ひとりの伸びやかな成長はその体験の質に依存していると考えられます。そこでは，周囲のさまざまなでき事に興味や関心を注ぎ，その事象の変化をポジティブに受け止める——このような体験が，子ども一人ひとりの心身両面の伸びやかな成長・発達を促すのだと考えられます。

　この観点から，音楽あそび（リズム・ゲーム）は，心身の成長・発達を促す貴重な空間として位置づけられることが重要であると言えます。

　音楽あそびは，単に楽しいだけに終始するのではなく，そこで聴取・体験される音楽の質（成長・発達に必要な目的を持った活動であること）が問われているのです。どんな質の体験が求められているのか，子ども一人ひとりの姿をしっかりと観察するところから，教育はスタートします。

　子どもだからこんなもの（粗悪なもの）でよい，という安易な考えは切り捨てられなければなりません。残念ながら，多くの場面で，子どもたちの音楽環境（教育環境）は優れているとは言えないのが実態なのです。学習初期の体験であればあるほど，クオリティの高い，感動に満ちた音楽体験を味わいたいのです。

　あそびや学習の場で，大人の果たす役割は大きいと言えます。私たちは，（子どもにとっても大人にとっても）望ましい音楽環境を整え，聴取する音楽の質を選定する任務を負っています。そこでは，子どものそばにいる私たちが，音楽的な生活を楽しんだり，美しさに感動したりする機会を持つなど，自己研鑽に励む姿こそが大切な環境になると考えられます。

　大人も子どもも，物質的な豊かさを超えて，精神的にも音楽的にも充実した生活を過ご

すことが肝要なのだと思うのです。

▶視点２：楽しい音楽参加の機会を提供しよう

　子どもの音楽能力の発達に影響を及ぼしている要因はいくつかあります。この点について，マグドナルドとサイモンズは，「聴き取る力」「身体的な調整能力」「知能」「経験」の相互作用の結果である，と指摘しています（マグドナルド＆サイモンズ，1999，p.51）。これらの体験は，大人の態度に依存しています。つまり，子どもの「音楽的発達は，子どもたちが大人と一緒の楽しい音楽的経験に参加する多くの機会を与えられて高められる」のです（前掲書，p.51）。

　とりわけ，音楽的なスキル（聴く，歌う，動く，創る）の発達は，「身体的な発達（年齢）」と「身体調整力（経験）」に依存しています。これらのスキルの高まりに際しても，大人の存在は看過されません。次のエピソードはそのことを物語っています。

　一般的に，多くの大人は，子どもが「歌を口ずさむ」のを見てとても喜びます。その姿を観るとき，その子どもは何か特別な音楽的才能を持っているのでは……とさえ感じるのです。

　しかし，このようなスキル（旋律や歌を聴き取ったり，口ずさんだり，動いたりするスキル）は，普段のなにげないかかわりを通して獲得されていきます。すなわち，（子どもは）「自分に歌いかけられたり話しかけられたりする中で，歌ったり話しをすることができるようになっていく」（前掲書，p.54）のです。子どもが口ずさんだり，おしゃべりを始めたりするそのきっかけは，どれだけまわりの人々や自分自身と関係づけていくかにかかっている，と考えられるのです。

　大人とのかかわりの質は，子どもの価値観に少なからず影響を及ぼします。言いかえると，子ども自身が音楽を選定する価値基準は，「教師」と「子ども」と「音楽」の相互作用のある体験に影響を受けていると言えます。

　このように，音楽的なスキルの高まりと人間関係能力の育ちは深い関係があると考えられるのです。

▶視点３：音楽のうねりとコミュニケーションを体験しよう

　音楽あそび（リズム・ゲーム）は，音楽的に豊かで，しかも人間同士の温かな感情のやりとりが重要となります。そこでは，次の２つのポイントに留意して活動をおこなうことが肝要です。

1つは，音楽のうねりに"どっぷりと浸かる"という体験が重要であることです。音楽を軽く聴き流す習慣や，知識だけを詰め込むという音楽学習は，音楽に含まれているおもしろさや楽しさ，美しさ等に，子ども自身が気づくチャンスを狭めてしまいます。やはり，音楽の学習は，言葉を超えたことばとして，音楽のうねりが醸し出す独特の雰囲気の中で，何らかの意味合いを感じ取ることが重要になると考えられます。子ども自身が，"これ（音楽）はおもしろい"と感じるには，深い感動が必要になります。そこでは，音楽のうねりに「どっぷり」と浸かってみる——この体験が欠かせないのです。

　もう1つは，これらの音楽ゲームを通じて，人と人のかかわり，つまり"コミュニケーションを楽しむ"ことが重要です。一人で音楽に聴き入ることも素晴らしい音楽体験と言えます（このことを否定するものではありません）が，今日の我が国の社会状況を鑑みるとき，人との出会いや，人とのかかわりの大切さをしらないままでは，そして自分の意志を正確に伝える技（わざ）を持たないでいては，子どもたちの好ましい成長や・発達を遂げることは難しいと考えられます。前述したように，特に幼い子どもの場合には，周囲の人（先生や家族）と一緒に，音楽に含まれるさまざまな情感などを味わってみることが欠かせません。この観点からも，表現の機会を持つことは大切なことと言えます。

　私たちは，"音楽が好き"そして"人が好き"という子どもたちを育てたいのです。

　音楽は音楽のためにあるのではなく，（音楽は）人が"幸福感"や"平和の喜び"を味わうためにある，と考えられます。音楽の体験は，一人ひとりが，そしてみんなが幸福に近づくための尊い空間なのです。

　さあ，一緒に音楽をしましょう。一緒にあそび，動き，歌い，笑いましょう。そして，"一緒に音楽するって素晴らしい"と思えるような環境を創っていきましょう。

神原　雅之

【参考文献】マグドナルド＆サイモンズ共著，神原雅之ほか共訳『音楽的成長と発達』，渓水社　（1999）

目次

はじめに

第1章　からだのなかの音楽

ゲーム1	からだのなかの音を聴いてみよう	12
ゲーム2	からだのなかからひと息"フー！"	14
ゲーム3	いろいろな声をだしてみよう	18
ゲーム4	足音ってどんな音？（その1）	21
ゲーム5	足音ってどんな音？（その2）	23
ゲーム6	手をたたこう！　手でたたこう！	26
ゲーム7	ジャンケンポン！　でマッサージ	29
ゲーム8	カチカチとぷら～んぷらん―緊張と弛緩―	32
ゲーム9	タッチ！　タッチ！　タッチ！	36

第2章　ビートにのろう

ゲーム10	ティティター	40
ゲーム11	手をたたこう	42
ゲーム12	まねっこポーズ	45
ゲーム13	ゆびさしビート―変化するリズムパターン―	47
ゲーム14	名前を呼ぼう	49
ゲーム15	おにぎりつくろう	50
ゲーム16	二人で歩こう	52
ゲーム17	二人でせっせっせ	53

ゲーム18	あたまひざかた	54
ゲーム19	電車ごっこ	55
ゲーム20	ブランコ	57
ゲーム21	ピタッ！	59
ゲーム22	リズムパターン	61
ゲーム23	あっち行くよ，ポン！	62
ゲーム24	あんたがたどこさ	63
ゲーム25	ことりのリズム	64

第3章　拍子を感じよう

ゲーム26	いち・に・さん・し de ポーズ	66
ゲーム27	色さがし	68
ゲーム28	三つの色カード	70
ゲーム29	ナシ，リンゴ，オレンジ	72
ゲーム30	ステップしよう	74
ゲーム31	ちがうリズムを合わせて	76
ゲーム32	いくつかな？	77
ゲーム33	おちたおちた	78
ゲーム34	カードでトントン	79
ゲーム35	かごに入れて！	81
ゲーム36	肩たたき	83
ゲーム37	ボールをつこう	85
ゲーム38	みんなでダンス	88
ゲーム39	ピコロミニ	90

第4章　フレーズ・呼吸・空間

ゲーム40	だるまさんがころんだ	94
ゲーム41	ヒラヒラペーパー	95
ゲーム42	まわせまわせ	96
ゲーム43	アルプス一万尺	98
ゲーム44	ぞうさんのおともだち	101
ゲーム45	トレパック	103
ゲーム46	行進曲	105
ゲーム47	とびだせりすちゃん	107
ゲーム48	はたけのポルカ	109
ゲーム49	八つの手拍子	111

第5章　ロープ de ゲーム—イメージあそび—

ゲーム50	ジャングルの音	114
ゲーム51	ロープで絵を描こう	115
ゲーム52	ながいのなあに？	117
ゲーム53	ロープでアスレチック！	118
ゲーム54	まわせまわせ　ぐるぐる　まわせ	120
ゲーム55	パン屋さんにお買い物	121
ゲーム56	チロチロリン！	123
ゲーム57	ボールでなかよし	124

第6章 対話を楽しもう―即興演奏―

ゲーム58	高い音，低い音	126
ゲーム59	ドの即興	128
ゲーム60	ドドド―	130
ゲーム61	ピッチ	131
ゲーム62	ドとソ	132
ゲーム63	ソファミ	134
ゲーム64	音の階段	136
ゲーム65	かなしい旋律	138
ゲーム66	かえるの合唱	139

第7章 歌＆楽器 de ゲーム

ゲーム67	もちつき	142
ゲーム68	まめまき	144
ゲーム69	うれしいひなまつり	146
ゲーム70	おきなわのうみ	148
ゲーム71	びょういんのうた	151
ゲーム72	麺好きな面々（十杯食べちゃった）	153
ゲーム73	あきのおそら	154
ゲーム74	まりつき	155
ゲーム75	おしょうがつ	156
ゲーム76	「たのしい○○のうた」	159
ゲーム77	一匹の野ねずみ	161

おわりに

第1章

からだのなかの音楽

♪ ♪ ♪ ♪ ♪ ♪ ♪ ♪ ♪ ♪ ♪ ♪ ♪

　えっ！　からだのなかに音楽ってあるの？

　　ドックンドックン　スースー　ゴホッゴホッ
　　ハックション！　グルルルル……
　　ランランラン　ルルルルル　＃＄％＆＃＃＆％＄

　心臓の音，寝息の音，咳，くしゃみ，おなかがなる音，歌声……

　これらは，全部わたしたちのからだのなかから生まれてくる音です。そして，それらは音楽の"たまご"です。生きているわたしたちのからだのなかは，いつもうごいていて，そこにはリズムがあり，音があります。
　心臓の鼓動のように，からだのなかだけで響いていて，外には聴こえないものもあるし，おならみたいに，外に聴こえるものもあります。

　生きているから音がする。うごいているから音がする。

　音の命，音楽は，わたしたちのからだのなかから生まれてきます。

　これから，わたしたちのからだをいっぱ〜いつかって，音楽あそびをします。
　じぶんのからだのなかに，ひょっとしたら，まだ眠っているかもしれない音楽を起こして，一緒にあそぼう！

　ほらっ！　○○ちゃんのからだのなかにだれかいるよ！　おどっているよ！
　ミュージックちゃん？　リズムくん？　あなたはだ〜れ？
　一緒にあそぼうよ。おいかけっこ，かくれんぼ。ころがったり，おひるねしたり……

　さあ，まずはだれがいるのか，からだのなかを聴いてみましょう。

〈井上〉

ゲーム 1　からだのなかの音を聴いてみよう

step 1　だれかと二人で，聴き合ってみましょう。

① ともだちの背中やおなかに耳をあてて
　じーっと聴いてみよう。
　何か音がするかな？

② ともだちに大きな深呼吸をして
　もらおう。
　何か聴こえるかな？

③ ともだちに何かしゃべってもらおう。
　耳を背中にあてて聴いてみよう。

アドバイス　じっさいに心臓の鼓動や内臓の動く音を聴くことは難しいと思います。聴こえなくてもいいのです。一心に耳を澄ませて聴くということ，そしてともだちの肌に触れてコミュニケーションをとるということが大切なのです。

step 2　自分の両耳を手でふさいで，いろいろな声をだしてみましょう。

アドバイス　自分の声が違って聴こえますよね。響きを通して，からだのなかをより意識できるでしょうか？

第1章　からだのなかの音楽　13

step 3　毎日の生活の中で，からだのなかから音がでてくるのって，どんなとき？
探してみよう。聴いてみよう。声でその音をまねてみよう。

ヒント：いびき，あくび，くしゃみ，しゃっくり，せき，うがいをするとき，鼻をかむとき，
おならの音，ウンチの音，オシッコの音，おなかがなる音，ため息

アドバイス　子どもが自分で見つけることが大切です。そのなかで自分のからだをよく
見たり，毎日何をしているか記憶をたどったり，音のイメージを創り出していきます。

step 4　いろいろな音が見つけられたかな？　それでは，自分の見つけた音でうたってみよう。

「からだソング」（井上恵理／作詞・作曲）

アドバイス　本当に動いているのかな？　という気持ちで，からだのなかの音に話しかけるようにうたってください。●●には，"おなか"や"おしり"や"おはな"などからだの部位を示すことばを入れて，ともだちのからだをさわりながらモゾモゾとうごかしてあげるとおもしろいです。うたうだけでもいいのですが，簡単なピアノ伴奏もつけてみました。

〈井上〉

ゲーム2　からだのなかからひと息"フー！"

step 1　どんな息があるのか，さがしてみよう。

温める息
（手が寒いとき"はぁ〜"
と温める）

さます息
（熱い飲み物を冷ますとき
フ〜フ〜）

ろうそくを消す息

何かを乾かす息

ふくらます息
（風船などをふくらます
とき）

とばす息
（たんぽぽの毛，はなびら，ティッシュペーパー，ほこり……）

step 2　息をつかった実験

・自分の指をペロンとなめて，そこに息をふきかけてみよう（乾いていくと同時に冷たくなってくるので自分の息がよく感じられます）。
・ストローのさきに紙をつめてフーっととばしてみよう。
・ストローの紙袋をグルグル巻いて，フーっとふいてのばしてみよう。
・コップに水を入れてストローでいろいろにふいてみよう。
・ティッシュペーパーを口の前にぶらさげ，長くふいてみよう。
・いろいろなふえをふいてみよう。

step 3　スーっと息をはきながら，息で空中に絵を描いてみよう。

口にクレヨンをくわえ，絵を描くような感じで，スーっと言いながら，からだいっぱいつかって息で空中に絵を描いてみよう（フーっよりもスーっのほうが，音がきこえてわかりやすいです）。

step 4　リボンの風のわたしっこ

・みんなで円陣になります。リボンを持った人がスーっと言いながら円の中をうごきまわり，だれかにバトンタッチ！
・今度はバラバラにちらばって，リボンの風のわたし合い。

> アドバイス　円陣になっているか，点在しているかで，この活動の意味合いが違ってきます。うごいている人はもちろんですが，まわりで見ている人もうごきに合わせてスーっと音をだしてみましょう。鈴やピアノで息の音を伴奏してあげるのもいいですね。

step 5　息をとばしてみよう。

　いろいろな息がありますが，そのなかでも気持ちいいのが"とばす息"。音楽のなかでもとても大切な息です。遠くにとばすか，近くにとばすか，何をとばすか，それによって，ニュアンスやエネルギーも違ってきます。
　実際に，桜の花びらやたんぽぽの綿毛，紙ふぶきなど手のひらからとばしてみましょう。その後は想像で……。

- 小さな息で近くへ。前，後ろ，右，左，上，下，近くでも360度の空間があることを忘れないでね。フゥフッ
- 大きな息で遠くの方へ。フ～
- "フッフッフ～"のリズムでとばしてみましょう。

「フッフッフ～」（井上恵理／作詞・作曲）

> **アドバイス**　"フッフッフ～"と息をとばしていたら，こんな歌ができました。"フッフッフ～"の部分は，子どもたちと一緒に息をとばしながら，うたって聴かせてあげてください。8分の6拍子というと，なんだか難しいようですが，揺れる拍子です。ペダルやアルペジオ，グリッサンドを効果的に使って，音が風のようにとんでいくように響かせてください。曲の最後の部分は完全5度の積み重ねです。ピアノの鍵盤のいちばん端までいきますね。宇宙のかなたにとんでいくような感じで響かせてください。フ～という息と一緒に。

〈井上〉

ゲーム3　いろいろな声をだしてみよう

　"ピングー語"知っていますか？　かわいらしいペンギン（ピングー）ファミリーの話すことばです。このアニメキャラクターはスイスの作家が生み出したものですが，この人気の秘密の一つは，不思議なピングー語にあるでしょう。年齢やことばを超えて，だれにも通じる"ピングー語"でおしゃべりしてみましょう。

step 1　いろいろな声でおしゃべりしてみましょう。

step 2　コントラスト

・いろいろな声の中から，対象となる2種類を選び，声をだしてみよう。

A　大きな声／小さな声（遠くに呼びかける声／耳元でささやく声）

　＊ただ大きな声，小さな声をだすのではなく，声の届くターゲットをはっきりさせ，そこに向かって話してみよう（音と空間の関係を感じるように）。

B　高い声／低い声

　①　両手をあげて，背伸びをして高い声をだしたり，しゃがんで低い声をだしたりしてみよう。
　②　ともだちのジェスチャー（背伸び，しゃがむ）に合わせて声をだしてみよう。
　③　ひもの伸びちぢみに合わせて声をだしてみよう（スライド笛のようにポルタメントをつかって）。
　④　線を描きながら，それに合わせて声をだしてみよう。
　⑤　ともだちの描いた線を指でたどりながら，それに合わせて声をだしてみよう。
　　（クネクネクネ……）

C　だんだん大きく／だんだん小さく（クレッシェンド／デクレッシェンド）
　　二人になって向かい合い，お互いの名前を呼び合います。最初はささやくように，そしてだんだん大きくなり，まただんだん小さくしていきます。

step 3　サイレント・シンギング

　心のなかでおしゃべりしたり，心のなかでうたったりできるんですよ。まわりの人には聴こえなくても，自分にはちゃんと聴こえます。

　ジェスチャーのついている歌をうたってみて，合図があったらジェスチャーだけで続けて，こころの中でうたってみましょう。また，合図があったらうたい始めましょう。

　（例：げんこつやまのたぬきさん　おっぱいのんでねんねして　だっこして　おんぶして
　　　　またあした！）

・口だけうごかしてみよう（音だけ消したテレビを見ているみたいにね）。
・口を閉じて心のなかでうたってみよう。

step 4　おはよう！

　朝起きて，一番に伝えることは，一生のうちに何千回何万回も言うことば，元気な声で"おはよう！"と言えば，今日も一日楽しいよ。大きな声で，小さな声で，高い声で，低い声で，リズムをつけて，いろいろなともだちに"おはよう"って呼びかけてみよう。

「おはようソング」（井上恵理／作詞・作曲）

アドバイス 3番で「〇〇〇ちゃん」と自分の名前を呼ばれたら,「おはよう!」って返事をしてみよう。このときメロディーはつかなくてもいいです。

〈井上〉

ゲーム 4　足音ってどんな音？（その１）

step 1　歩いてみよう！　足音ってこんな音

みんなで円になって座ります。一人が立って，そのなかをお散歩します。速く歩いたり，ゆっくり歩いたり，立ち止まったり……。まわりのともだちは，それを見て，その足音を手でたたき，音をだしましょう（あるいは，だれか一人がタンバリンやカスタネットなどの打楽器でたたいてみる）。

> **アドバイス**　円の中で歩いている人は，いわば指揮者！　いろいろな歩き方をして，まわりの音がちゃんとついてくるかどうか試してみよう。

step 2　水たまりにポチャン！

床のあちこちに，ひも（あるいは縄跳びやフープなど）で円を描いてみよう。ほらっ！　水たまりのできあがり。そのまわりを一人ずつお散歩。ときどき"ポチャン！"水たまりのなかへジャンプしてみよう。タンバリンを持った先生は，そのたびに，音をだす。思い切ってとびこんでみたり，そーっと片足だけ入れてみたり，音の感じも変わるでしょう。

> **アドバイス**　観察力と集中力が大切。音と足のうごきがぴったり合うと気持ちいい。水たまりへのジャンプはタイミングが大切です。ひもの輪があることで，視覚的にはっきりしてくるし，イメージしやすくなります。

step 3　拍子にのって，ポチャン！

- 4拍子の音楽に合わせて。
  1拍目で"ポチャン！"

  $\frac{4}{4}$　×　♩♩♩　×　♩♩♩
  　　　ポチャン　　　　ポチャン

- 今度は3拍子の音楽に合わせて。
  ここでも1拍目で"ポチャン！"

  $\frac{3}{4}$　×　♩♩　×　♩♩
  　　　ポチャン　　ポチャン

> **アドバイス**　1拍目でとびこむことで，拍子の感じがつかめます。タイミングが大切。ただその場でジャンプするだけではなく，自分の好きな水たまりを選んで，そこまで移動するという活動（空間と時間とエネルギーのコントロール）が加わります。

step 4　リズムにのって，ポチャン！

　次のようなリズムにのって，あちこちの水たまりをとんでみよう。"ケンケンパー"のリズムに似ていますね。"ポチャン"で好きな水たまりにとびこむ。3回目の"ポチャン"は遠くの水たまりまで行けるね。

step 5　とんでみると音がするよ！

・色の違うひも（あるいはフープでも可）を5本つかって床に並べる。
　ドレミファソのできあがり！　歩きながらメロディーをうたってみよう。

・一つの輪をふむと，ある打楽器の音を出すようにする。たとえば，太鼓の輪，鈴の輪，トライアングルの輪，などなど。ダンボールや空き缶などをたたいてもおもしろい。音色の違う3種類くらいの音素材を組み合わせてみる。
　自分の役を決めて，さあ合奏しよう。即興演奏の始まりです。

step 6　北インド舞踊のカタックのように，足首に鈴をつけて踊ってみましょう。

・たくさん音をたてて踊ってみよう。嵐のように。
・音を立てないで歩いてみよう（これが意外と難しい。ぬき足，さし足，しのび足……）。
・だれかが太鼓奏者になって，太鼓奏者（太鼓）とダンサー（足の鈴の音）との間で，リズムのまねっこやかけ合いをしてみよう。

〈井上〉

ゲーム5　足音ってどんな音？（その2）

step 1　みんなはどんなくつを見たことがある？　どんなくつをはいたことがある？
おきにいりのくつはどんなのかな？

　元気に走れる運動ぐつ，雨の日の長ぐつ，海に行くときのビーチサンダル。
　えっ！　歩くと光る魔法のくつもある？　げたばこをのぞいて見ると，いろいろなくつがあるね。
　ママのおしゃれなくつ，パパの大きな革ぐつ，はいてみたいな～。

> **アドバイス**　子どもは好奇心がいっぱい！　特におとなのものや大きなものに憧れる。「パパのくつ，はいちゃダメ！」っていう前に，一緒にあそんでみよう。スリッパもおもしろい。"ガボッ"とした大きくて重たい感触や，"ペタッペタッ""すーいすい"っていうスリッパの感触を，音楽と一緒に楽しもう。

step 2　なんのくつをはこうかな？

- 箱の中にいろいろなくつを入れておく。一人ずつ，箱のまわりを音楽に合わせてスキップしよう。
- 音楽が止まったら，その箱のなかから，一組のくつを選ぶ。
- 選んだくつをはいて，もとの自分の場所に戻ってくる（足どりに合わせて，音をだしてみよう）。

step 3　スリッパ"すーいすい"

- みんなで，スリッパをはいて，"すーいすい"ってすべってみよう（3拍子のリズムで）。
- 音の合図でスリッパを脱ぎ，今度は裸足で駆け足だ！（速い2拍子の音楽で）
- "すーいすい"の3拍子の音楽が聴こえたら，脱いだ自分のスリッパの場所に戻り，またすべる。

step 4　よるのげたばこ

　今日も一緒に，いっぱいあそんでくれたくつたち。君のおかげで歩けたし，遠くにも行けたよ。
　今日も一日ありがとう。げたばこのなかで休んでいるくつたち。夜になるとおしゃべりしているよ……。「ぬきあし，さしあし，しのびあし……」
　そ～っと近づいて耳をすましてごらん。

第1章 からだのなかの音楽 25

> **アドバイス** この歌の旋律は〈譜例A〉の"四七抜き音階"でできています。日本で昔からうたわれている旋法です。これをつかっていろいろ"歌がたり"をしてみましょう。〈譜例B〉のハーモニー（響き）をつけてみると，おしゃれな感じに。

〈井上〉

ゲーム6　手をたたこう！　手でたたこう！

step 1　音さがし

A　自分の手と手で，いろいろな音をだしてみよう。

　　　　手のひらと手のひら　　手の甲と手の甲　　指と指
　　　こぶしとこぶし　　爪と爪　　などなど

　そーっと合わせてみたり，強くたたいてみたり，ゆっくりすり合わせたり，はやくすり合わせてみたり，喜怒哀楽の気持ちをこめてみたり。音の発見をしよう。

B　さあ，立って。手で自分のからだのいろいろなところをたたいてみよう。

　　　頭，ほっぺた，肩，胸，おなか，背中，おしり，ひざ，足……。
　　たぬきがおなかをポンポコポン！　ゴリラが怒ってウッホッホ！
　　今度は続けて，"ドコドコドコ"と，頭から足にむかって，上から下へたたいてみよう。

C　手で身の回りにあるいろいろなものをたたいてみよう。

机，床，かべ，ドア，箱，紙袋，ビニール袋，ふとん，洗面器にはった水（お風呂の中で試してみるとおもしろい）

気に入った音が見つかったら，♫  ♩（ティティター）のリズムで音の会話をしてみよう。

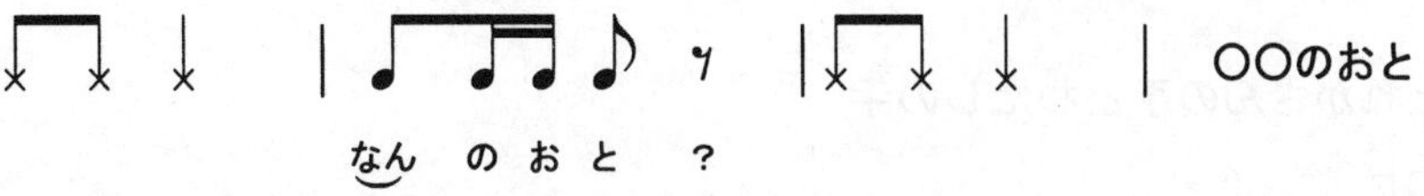

step 2　リズムにのって

① みんなで円になって座り，リーダーを決める。

リーダーは，両手でからだのどこかをたたきます（ひざ，肩，鼻，あごの下，……）。

ほかの人は，同時にまねます。かけ声の合図で，隣の人にリーダー交替。

とぎれないように，リズムにのって。好きな歌をうたったり，声で伴奏をしたりしてみよう。

② リーダーは，右手と左手，違う場所をたたきます。「それっ」「ほいっ」などのかけ声で，右手と左手のやり方をチェンジしよう。

（例：右手＝肩，左手＝おなか。チェンジすると　右手＝おなか，左手＝肩）

step 3　手拍子まわし

① 円になりましょう。音楽に合わせて，1拍ずつ，手拍子をおとなりさんへまわしていきます。音楽のテンポや強弱に合わせて，たたき方も変化をつけましょう。

みんなのからだのなかにある心臓が，ドックンドックンうごいているように，音楽にも心臓の役割をしているものがあります。それが「拍」です。

心臓が止まらないように，手拍子をまわしてね。

肩や腕の力を抜いて，音がはずみながら次の人へパスされるような感じで，手をたたいてみよう。

② ハイというかけ声で，反対まわし。
③ となりではなくて，遠くにいる人に手拍子をまわします。
　（音楽はたっぷりとしたゆっくりしたテンポで。となりがターの拍だったら，遠くはターアンの拍で。）

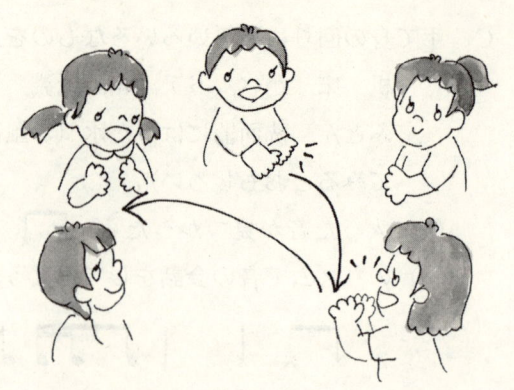

| step 4 | だれかさんの手とわたしの手 |

① お手合わせ
　二人向かい合って，"お手合わせ"をしてみよう。昔から日本には手あそびうたがいっぱい。「おちゃらかホイ」や「アルプス一万尺」「線路は続くよどこまでも」「みかんの花」などなど。
　やってみよう。あとは自分たちのオリジナルを作ってみよう。

② 走っていって，ポーン！
　部屋のなかにみんな散らばります。ティティティティティティティティと走って，だれかを探して，ターアンターンで相手の両手と合わせて，ポーン！　ポーン！　とたたきます。

そのあと，自分のからだをたたき，最後はターターターで手拍子。
繰り返すたびに違う相手をさがします。

〈井上〉

ゲーム 7　ジャンケンポン！　でマッサージ

step 1　いろいろなジャンケン

いろいろなジャンケンをしながら，からだじゅうをうごかそう。勝った人は負けた人のからだをくすぐっちゃおう！

A　からだジャンケン

　　　グー　　　　　　　　　　チョキ　　　　　　　　　　パー
　しゃがんで膝をかかえて　　身体の前で両手で×を　　両手両足を大きく開いて

B　足ジャンケン

　　　グー　　　　　　　　　　チョキ　　　　　　　　　　パー
　　両足をそろえる　　　　　足を前後に　　　　　　　両足を開いて

C　顔ジャンケン

　　　グー　　　　　　　　　　チョキ　　　　　　　　　　パー
　　口を堅く閉じて　　　　　口をつきだして　　　　口を大きく開けて

step 2 『アルプス一万尺』ジャンケンポン！　でマッサージ編

この歌は，もともとアメリカ民謡。お手合わせの方法も各地でいろいろです。ここにあげたパターンは，私が子どものときにやったものです。

① 楽譜の１段目Ⓐも３段目Ⓑも，まずラララーでうたってみましょう。Ⓐの最後では，元気よくジャンケンポン！　をします。ⒶとⒷをうたいおわったら，パートナーチェンジをして，また繰り返し。

② 口承歌に挑戦しよう。

Ⓐの部分に，“トン　パ　トン　パ　トン　パ　クルリン　コ”と，ジェスチャーを覚えるための歌詞をつけてみました。口ずさみながら（メロディーはつけないで）お手合わせをしてみましょう。Ⓑの部分はマッサージごっこです。

③ テンポや強弱を変えてやってみよう。

- フォルテッシモでゆっくりどっしり，おすもうさんのように“どすこいどすこい”。
- ピアニッシモでちょっと速く。人差し指で“指合わせ”（指先を合わせるということは，とても集中力がいります。指先で内緒話です。あまりテンポが速くならないように）。
- パートナーチェンジをして，たくさんともだちをつくろう。

「アルプス一万尺」（アメリカ民謡／作者不明）

Ⓐ(お手合わせ)

Ⓑ(マッサージごっこ)

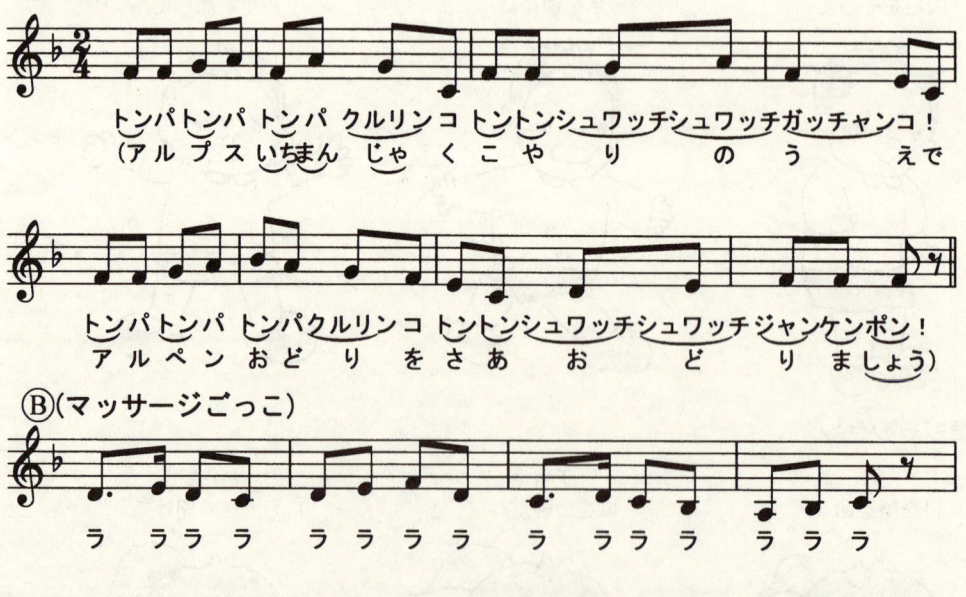

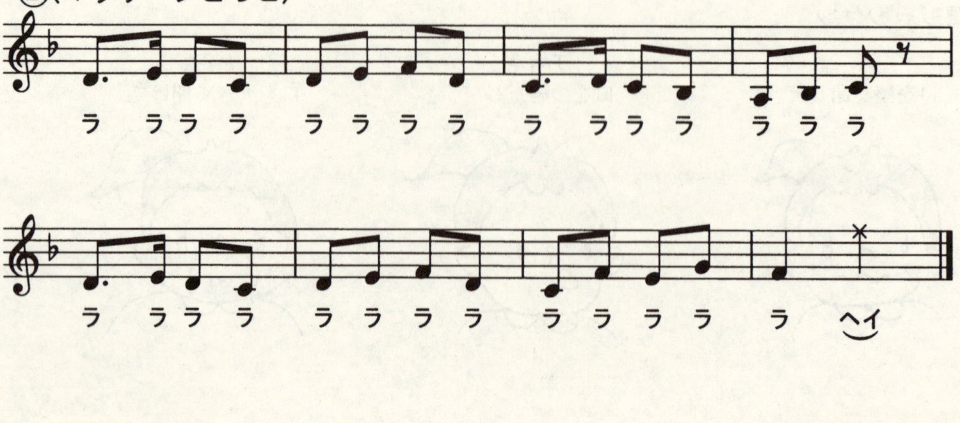

> アドバイス　ピアノで伴奏するときは，いつもニュアンスに気をつけて。フォルテッシモのときは低音域で和音をつかって，ピアニッシモのときは高音域で単音で。自分の手合わせをやっているような気持ちで弾こう。

〈井上〉

コラム「ジャンケン考」

　道具がなくても，広い場所がなくても，いつでもどこでもあそべるのが，手あそび，指あそびです。日本には昔からそんなあそびがいっぱいあって，うたいながらあそんでいました。それが，わたしたちのリズムの原点です。

　順番を決めるとき，だれかを選ぶとき，大人になっても，ジャンケンをすることが多いでしょう。グーは石，チョキははさみ，パーは紙，紙は石を包めるから強く，石ははさみより強く，はさみは紙を切れるから強い。この単純なルール，いったい，いつ，どこで，だれが考えたのでしょうね。

　世界のあちこちにジャンケンはあり，スイスや中国の子どもたちもやっています。中国語では"パオ　チェン　タオ！（包　拳　刀！）"，日本と同じように紙とこぶしとはさみです。ヨーロッパでは，両者のだした指の数を合わせて，それが偶数，奇数のどちらになるか，当てたほうが勝ちというルールもあります（少し複雑ですね）。

　また，日本の津軽地方では，同じグーチョキパーでも勝敗が違うジャンケンが昔あったそうです。グーの石はパーの紙を破いてしまうからグーのほうが強く，チョキは一本指の串でグーのお団子を刺してしまうからチョキのほうが強いとか。

　言い方にもいろいろあります。東京では，"ジャンケンポイ！"でも，関西では，"インジャンホイ！"，または"ジャンケンデホイ"とゆっくりしたリズムで言ったりもします。

　おもしろいですね。ジャンケンポイが時を超え，空間をわたって，いろいろなふうに伝わっていく。そこにわたしは，生きている子どもたちの息づかいを感じるのです。

　ひとつの歌をうたいながら，あそびながら，そのときに生まれた気持ち，アイデアを大切にして，クリエイティブな活動をしていきたいですね。

〈井上恵理〉

ゲーム8　カチカチとぷら〜んぷらん―緊張と弛緩―

　わたしたちのからだはとっても不思議。時と場所によって，からだのなかがかたくなったり，やわらかくなったりしているような感じがします。このからだの状態が"緊張と弛緩"です。これは呼吸と同じで，わたしたちの生活のなかでの大切なリズムです。リトミックを考案したダルクローズは，音楽のなかにもこの"緊張と弛緩"の法則を見いだし，筋肉運動と結びつけて，教育のなかに応用しました。よい緊張とよい弛緩です。特に大きなエネルギーを発する前には，十分な弛緩（脱力）が必要ですよね。

　自分でこのエネルギーを上手にコントロールできれば，きっと気持ちよく生活できるのではないでしょうか。よい緊張は必要ですが，必要以上に力が入っていることはありませんか？言いたいことが言えない，うたいたいけど声が思うように出ない，あの人とともだちになりたいのにできない……。そんなとき，わたしたちのからだのなかは，必要以上にかたくなっているのです。最近は，子どもまでが肩に力を入れて歩いたり，ゆったりとした気持ちでじっと床に寝ていることができなくなったりしているようです。

　"こころとからだをほぐす"ということばがよく聴かれますが，そのとおりです。こんがらがってかたくなった，からだのなかの結び目をほぐしていきましょう。

|step 1|　床に寝転がって
① 　ゴロゴロ転がる（まずは準備運動！）
② 　ゴキブリ体操（緊張と弛緩）
　寝ころんで，両手両足をお空に向けて上げて，ぶるぶるぶる（緊張），ばたん（弛緩），ぶるぶるぶる，ばたん。

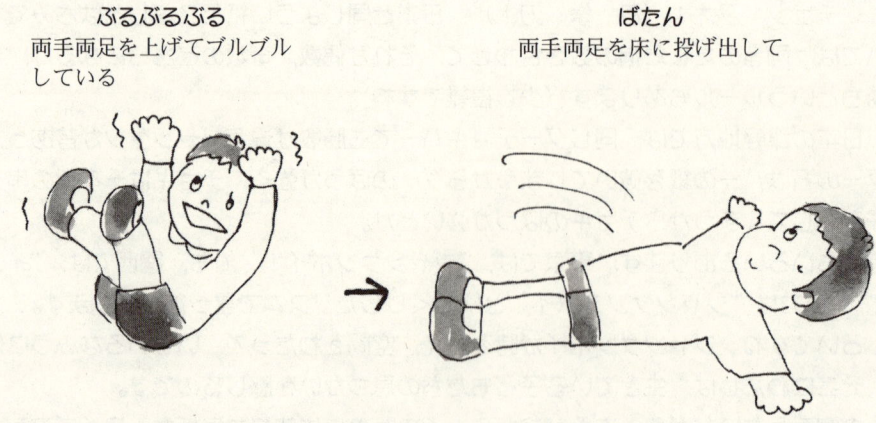

ぶるぶるぶる
両手両足を上げてブルブルしている

ばたん
両手両足を床に投げ出して

③ 　おふとんになってみよう（弛緩）
　あったかくてふかふかのおふとんになって，日光浴。大の字になって寝てみよう。

step 2　まねっこゲーム

二人組になり，向かい合って座ります。一人がリーダーで，相手はそのまねをします。

① 肩の体操

肩だけを上げたり，下げたり，回したり……速さも強さも変えて動かします。

② あくびごっこ

アリさんのあくび，ぞうさんのあくび，おとうさんのあくび……。いろいろなあくびをしてみよう。

> アドバイス　一人でやってもいいのですが，二人組でやると，相手に見せるために，まねさせるために，よりおもしろいうごきを考えることができます。自分の作ったものを，だれかと一緒にするということで，一緒の満足感も得られますし，まねするほうは，観察力や集中力も養われますね。パートナーを固定せず，チェンジして続けると，さらに仲間も，うごきのボキャブラリーも拡がります。

step 3　氷になあれ！

二人組でも，グループでもできます。

だれか一人，魔法使いになります。他の人は歩いたり，踊ったり，好きなうごきをします。魔法使いが呪文をかけると，"あっ！"そのままのポーズで凍ってしまいます。"冷凍人間だ！"からだはカチカチです。息も止めて（緊張）。

でも太陽が現れ，氷を溶かしていきます。だんだんに溶けて，"はい！　またもとどおり"（弛緩）。

| step 4 | スパゲッティダンス

　みんなの好きなスパゲッティ！　ミートソースに，ナポリタン，たらこに，納豆……，いろいろあるね。フォークでくるくる巻いて，モグモグモグ……。

　でも，知っている？　お料理する前のスパゲッティは，細くてカチカチ。

　さあ，みんな，生のスパゲッティになってみましょう（実際に子どもの前で袋から取り出して，1本のスパゲッティを見せてやると，感じがよりつかめます）。

① スパゲッティが歩く。（指の先までぴんと伸ばして，細くてかたくなって，つま先で歩く）
② スパゲッティがジャンプする。
③ お鍋のなかに入ったスパゲッティ。だんだんやわらかくなっていく。
④ ゆであがったスパゲッティ。アルデンテ？　それともゆですぎちゃったかな？

> アドバイス　①から④を交互にどんどん合図で変えてみよう。最初はことばの語りかけで始まり，あとは音だけで。
> 　生スパゲッティ（緊張）とゆであがったスパゲッティ（弛緩）は，どんな感じの音かな？　いろいろさがしてみよう。たとえば，ウッドブロック，鈴，スライド笛……。

「スパゲッティダンス」（井上恵理／作詞・作曲）

〈井上〉

ゲーム9　タッチ！　タッチ！　タッチ！

　テクノロジーが発達して，この情報化社会はますます多面化していくことでしょう。いまやインターネットのおかげで，世界中の人たちと簡単に情報交換ができるようになりましたし，会ったことがない人とも，身近に話ができるようになりました。スクリーンを通して，視覚的な情報はいくらでも入ってきます。これはすばらしいことで，わたし自身もその恩恵にあずかっています。

　ただ，ちょっと待って！　その一方で，触覚的な情報はどんどん減ってきてはいませんか？　自分の手でさわって，それが何であるかを知る，確かめる。人間にとって大切なことが，テクノロジーの発達の横で，失われてきてはいませんか？　赤ちゃんは，何でもさわってみてなめてみようとし，身の回りの世界が何であるのかを，体験として獲得していきます。そして，母と子のスキンシップは，豊かな人間関係をきずきあげていくための，最初の大切なことです。

　インターネットを通した社会，教育がこれからますます展開されていくだろうという現代。だからこそ，身体性を重視した生き方が，大切になっていくことでしょう。

step 1　床にタッチ！

　いろいろなからだの部分を床にくっつけてみよう。

　　片足，ひじ，ほっぺた，頭，おしり……。

① 音楽（ピアノでも，打楽器でも）に合わせて，かけっこ。音が止まったら，よく聴いて！"1"と言われたら，からだの1カ所だけ床にタッチ（たとえば，片足立ち，おしりだけ……）。

　　"2"と言われたら2カ所，"3"は3カ所，"4"は4カ所。思ってもいないオリジナルなポーズが生まれるかも……。

② 今度は，数字のかわりに，リズムをきいて，その数を数えて動作しましょう。

　　たとえば，ター（四分音符）は1カ所。ティティ（2つの8分音符）は2カ所。ティティターは3カ所，など。

第1章 からだのなかの音楽　37

step 2　だれかにタッチ！
　音楽に合わせて，駆けだしたり，スキップしたりして，音が止まったら，だれかとタッチ！二人組になって，お互いのからだのどこかとどこかを合わせます。

① 床にタッチ！　と同様に，つながっているからだの部分に注目。相手のからだにくっつける部分の数を，1カ所だけ，2カ所，3カ所というように，変えていきます。

② 手と手，足と足，手と足の3種類の指示に合わせて。
　どれだけヴァリエーションをさがせるかが大切です。手と手だけでも，いろいろなポーズで合わせられますよ。

③ お互いのからだの，どこか1カ所がつながっていればいい。
　自由なポーズを組み合わせてください。

④ 立ったり，座ったり，寝ころんだり。360度の空間を生かしてみましょう。

step 3　タッチ！　タッチ！　タッチ！
① 5人くらいのグループになります。順番を決めて，1番の人からポーズ！　2番の人は，1番の人のからだのどこかをタッチしてポーズします。3番目の人は，2番目の人のからだのどこかにタッチしてポーズ！……というように，鎖のようにつながっていきます。

> **アドバイス** 手だけでタッチするのではなく，からだのいろいろな部分をつかってね。なるべく，立体的になるように，思いっきりオリジナルな形をみんなでつくっていきましょう。形ができたら，見ていた人は，ジャングルジムのように，そのなかをくぐったり，とんだりしてみましょう。

② 今度は，リズムに合わせてやってみよう。
次のようなリズムを繰り返します。

先生(タンバリン)　みんな(手拍子)　先生(タンバリン)　みんな(声「ハイ！タッチ！」)
動き回る-------------------------------------**タッチしてポーズ**

まず1番目の人が，タンバリンに合わせてスタート！「はい，タッチ！」のところで好きなポーズをします。すぐに2番目の人がスタート。「はい，タッチ！」で1番目の人にタッチしてポーズ！……これを繰り返します。

③ うたのメロディーやCDを使ってやってみよう。
音楽のフレーズごとに動いてみましょう。フレーズの最後でタッチして，ポーズをするように（CDを使ってもいいし，うたいながらでもいいですね）。5番目の人が終わったら，また1番の人は別の場所に移動して，ポーズを始めてください。

〈井上〉

第2章

ビートにのろう

♪♪♪♪♪♪♪♪♪♪♪♪♪♪♪

　子どもたちが音楽に合わせてからだを揺らしている。電車に乗ってレールのガタンガタンという音に合わせて調子をとったり，演奏会場で穏やかな旋律に思わずからだをうねったり……。
　そのようなリズミカルなうごきを見ていると，こちらまでウキウキした気持ちになります。

　音楽にのるのは，だれでも，どこでもできるのですね。

　まずは，"ビートにのる"ゲームから試してみましょう。
　対象は，何歳でも，何人でもOK！
　準備するものは，あなたの手拍子だけ。

　ビートの揺れに**どっぷり**とつかりましょう。

　ビートのなかには，アクセントや拍子やダイナミックスなど，音楽をおもしろくするさまざまな仕掛けが隠されています。
　ノリノリの瞬間を楽しみましょう。

〈神原・小見〉

ゲーム10　ティティター

リズムのオスティナートを楽しみましょう。このゲームはビート感を刺激します。

step 1　まずは，だれでもできることから始めることにしましょう。
膝(ひざ)を軽くたたきましょう。ティティターのリズムをたたきましょう。
（もしこれが難しいようでしたら，ターターのリズムでもよい）
このリズムを何回も続けてたたきましょう。

ティ ティ ター　　ティ ティ ター　　ティ ティ ター

アドバイス　同じところばかりたたいていると飽きてしまいます。たたいているあなたの手は，膝から床に，床からまた膝に，膝から肩や頭など，身の回りのいろいろなところをたたくことができるでしょう。ともだちの背中や肩をたたいてもおもしろいですね。
　一緒に"ティティター"と口ずさみながらたたきましょう。

step 2　さあ，これで準備OKです。
　ここでは，みなさんがティティターをたたいている途中から，わたし（先生）のピアノ（あるいは歌声による即興演奏）が加わります。すると，もっと楽しくなりますよ。
　音楽につられてリズムが狂わないように気をつけてください。

第2章　ビートにのろう　41

即興演奏のサンプル（手拍子に合わせてABCを適時演奏してみよう）

> **アドバイス**　音楽の流れにノッて，一緒にたたいていると，思わず強くたたきたくなったり，弱くたたきたくなったり，あるいは軽いリズムでたたいたりしたくなることでしょう。ここでは音楽をよく聴くことがポイントです。ピアノがあなたに「強くたたいて」とか「弱くたたいて」と語りかけてくれていますよ。

〈神原〉

ゲーム11　手をたたこう

このゲームは，ビート感やアクセントを聴き取るセンスを刺激し，注意力を高めます。

step 1　ここでは，1枚のカードをつかうことにしましょう。

このカードが上に掲げられたら，手をたたきましょう。カードが下に降ろされたら，たたくのを止めてください。

先生の掲げるカードが，上がったり，下がったりするのを見ながら手をたたきます。

即興演奏のサンプル

step 2　これで準備OKです。では，実際の音楽に合わせて試してみましょう。

使用する音楽は何でも大丈夫です。

初めて試みるときは，軽やかな音楽が良いですね。たとえば，行進曲や少し速めのテンポの音楽が適しています。

ここでは「エンタテーナー」（スコット・ジョプリン作曲）のCDから流れる音楽に合わせて一緒に手をたたいてみましょう。もしCDがないときには，次の譜面を参考に弾いてください。

「エンタテーナー」（スコット・ジョプリン作曲）

| step 3 | さあ，カードを上げたり下げたりする係を交替してみましょう。

「だれかカード係をやってみたい人はいませんか？」

> アドバイス　"音楽を聴く"という行為のなかで，あなたは無意識に，心の中で音楽を口ずさんでいることでしょう。声にださずに心の中でうたっている，そのことを"心唱（サイレント・シンギング）"と呼びます。心唱は，あなたと音楽を結ぶ，見えない糸なのです。

〈神原〉

ゲーム12　まねっこポーズ

このゲームは、ビート感を刺激し、自分のからだを操作する能力を高めます。

step 1　♪♪♪𝄽（トン トン パ スン）のリズムに合わせて、先生と同じポーズをしてみましょう。

トントンのところは手をたたきます。パのところで、先生のポーズをまねましょう（スンはお休みです）。

ポーズは何でもいいのです。たとえば、指をほっぺたにさわったり、となりの人の肩に手を置いたり、ひじを高くしたり、ガッツポーズをしたり、驚きのポーズをしたり、悲しそうな表情をしたり、カバンを持つポーズをしたり……。

即興演奏のサンプル

[楽譜: C F C F C F G C / C F C F C F G C]

> **step 2** 慣れてきたら，次は子どもがリーダーです。だれかリーダーになりたい人はいませんか。

（ここで一人の子どもを選びます）

みんなで〇〇ちゃんのまねをしてみましょう。

> **アドバイス** 先生は，多くの子どもたちにリーダーのチャンスを与えるようにしましょう。しかし，無理やりにあてたりしないように。普段人前に立つ機会が少ない子は，自信がないのかもしれません。「わたしにもできるだろう」という確信が持てるまで，しっかり見守ってあげましょう。時機を見て，リーダーとなって成功体験を味わわせてあげましょう。わたしたちは，この経験をとおして，幼児自身が"自信をはぐくむ"チャンスにしたいのです。

〈神原／ぶん，小見／music〉

ゲーム13　ゆびさしビート―変化するリズムパターン―

　このゲームは，ビート感，拍子感を味わいながら，リズムパターンを識別するセンスを刺激します。

step 1　ここに4枚のカードが並んでいます（子どもたちによく見えるように4枚のカードを並べます）。

　リズミカルに，「いち，にい，さん，しい」と唱えましょう。そのとき，一緒にカードを順に指さしましょう。

> **アドバイス**　ここではCDの音楽を用いることもできます。「タイプライター」や「シンコペーティッド・クロック」のCDがお薦めです。軽やかなテンポの流れにのって，音楽（ビート）に身をまかせるのがポイントです。

step 2　音楽のビートに合わせて，先生（リーダー）は4枚のカードのいずれかを抜きます。抜かれたカードのところはたたきません。

　たとえば――

　　□□□■　最後のカードが抜かれたら，4拍目はたたかない
　　□□■□　3枚目のカードだけが抜かれたら，3拍目はたたかない
　　□■□□　2枚目のカードはたたかない
　　■□□□　1枚目のカードはたたかない
　　■□■□　1枚目と3枚目が抜かれています（2と4のカードだけたたく）
　　■□□■　1枚目と4枚目が抜かれています（2と3のカードだけたたく）

■■■□　1，2，3枚目のカードが抜かれています（4枚目のカードだけたたく）

| step 3 | うまくできましたか？

　それではすてきな音楽に合わせてたたいてみましょう。先生が途中でカードを入れ替えますので，それを見失わないようにしましょうね。

即興演奏のサンプル（空白部分は自由に弾きましょう）

> **アドバイス**　カードの入れ替えは，4拍目で行うようにするとタイミングがよいです。CDの利用も可能です。たとえば，「シンコペーティッド・クロック」（ルロイ・アンダーソン作曲）はお薦めです。

〈神原〉

第2章 ビートにのろう 49

ゲーム14　名前を呼ぼう

　このゲームは親子で遊びます。ビート感，テンポ感を刺激し，あわせてダイナミックス（強弱）と空間の関係について注意を促します。

step 1　親子の二人組になりましょう。

○　○　ちゃん　　ハ　ー　イ

名前を呼びながらボールをわたしましょう。
（何度も繰り返してください）

> **アドバイス**　このゲームは，何回も同じ調子で繰り返していると，すぐに飽きてしまいます。おもしろさを持続するためには，呼びかける口調を変えてみましょう。
> 　時に速く／時に遅く，あるいは時に強く／時に弱く，時にレガートに／時にスタッカートで，呼んでみましょう。それに応じてボールわたしを変化させましょう。
> 　口調を変化させる手がかりは，聴こえてくる音楽のなかに隠されています。音楽とうごきの関係を聴き取るように留意しましょう。

〈神原／ぶん，小見／music〉

ゲーム15 おにぎりつくろう

このゲームは大人と幼児（親子二人）で楽しみましょう。唱えことばを楽しむあそびです。

step 1 親子二人で向かい合って座ります。

ボールを1個準備します（ボールの代わりに，新聞紙を丸めたり，ハンカチを丸くなるようにしばったりしてもよい）。

step 2 まず初めは，子どもがボールを左右に持ち替えながら（ビートに合わせて）おにぎりを作る様子をまねます。

お母さんは，子どもの様子を見ながら，適時（おにぎりをにぎるまねをしながら）次の A～
C を唱えます。

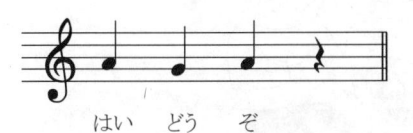

A
おにぎりキュキュキュキュおにぎりキュキュキュ

A'
しっかりにぎっておにぎりキュキュキュ

B
おにぎりまだですよ

C
おにぎりできました

はい どうぞ　　　「はい，どうぞ！」と言いながら，子どもに手わたします。

子ども「パクパクパク……」と言いながら，食べるまねをしましょう。

step 3　今度は，役割を交替しましょう。

子どもがおにぎりをにぎります。一緒に唱えましょう。

> アドバイス　ここではボールをおにぎりにみたててあそびました。ボールはテニスボールくらいの大きさのものが適当でしょう。もし手元にボールがないときは，新聞紙を丸めたり，ハンカチを丸くして代用してもよいです。いずれにしても，ことばをリズミカルに唱えましょう。"お，に，ぎ，り，キュ，キュ，キュ～"……。

〈神原〉

ゲーム16　二人で歩こう

このゲームは，ビート感やアクセントを予知するセンスをはぐくみます。

step 1　音楽のビートに合わせて歩きます。途中で，合図が聴こえたら，後ろ向き（バック）に歩きましょう。

アドバイス　子どものうごきを見ながら合図をかけましょう。音楽に合わせて歩行するとき，伸びやかなうごきになるように留意しましょう。背後から追い風を受けているような感じで。

〈神原／ぶん，小見／music〉

第2章 ビートにのろう　53

ゲーム17　二人でせっせっせ

このゲームは，二人で手を合わせる瞬間（アクセント）を予感するセンスを刺激します。

step 1　二人で向かい合い，ビートに合わせて（自分の）手をたたきます。

途中で合図が聴こえたら，二人の手の平を合わせます（せっせっせ）。

すぐに，元にもどって（自分の）手をたたきます。

step 2　先ほどと同じ要領で。

次は，合図は聴こえてきません。二人で気持ち（心，呼吸）を合わせて，手のひらを合わせてみましょう。

アドバイス　二人で手を合わせようとするとき，一緒に息を吸うようにすると，うまくいきますよ。

〈神原／ぶん，小見／music〉

ゲーム18 あたまひざかた

このゲームは，ビート，テンポ，フレーズの体験に効果的です。

step 1 手をたたこう。途中で先生が"あたま"と言ったらすぐに頭に手を置いてください。

ヒント：あたま，かた，ひざ，あし……

step 2 歌をうたいながら，身体の部位をおさえましょう。

初めのうちはゆっくりと身体の部位を確認しながら。少しずつ本来の速さに近づけていきましょう。

からだあそびのうた（作詞不詳／イギリス民謡）

step 3 ふつうのはやさでうたえるようになりましたか？

こんどは，はやく（ねずみさんが走っているような感じで）うたってみましょう。

step 4 こんどはゆっくり（ぞうさんが歩いているような感じで）うたってみましょう。

アドバイス うまくできないときは，少しゆっくりのテンポで歌ってみましょう。ゆっくりのテンポのとき，自分の心を抑制する気持ちがないと，うまく音楽と合いません。ゆっくりの体験は，子どもの忍耐力を育むチャンスになるかも知れません。

〈神原〉

ゲーム19　電車ごっこ

step 1　一列に並んで（電車になって）歩いていきましょう。途中で音楽が止まったら止まりましょう。

step 2　上り坂になりました。電車はゆっくりになりましたよ。

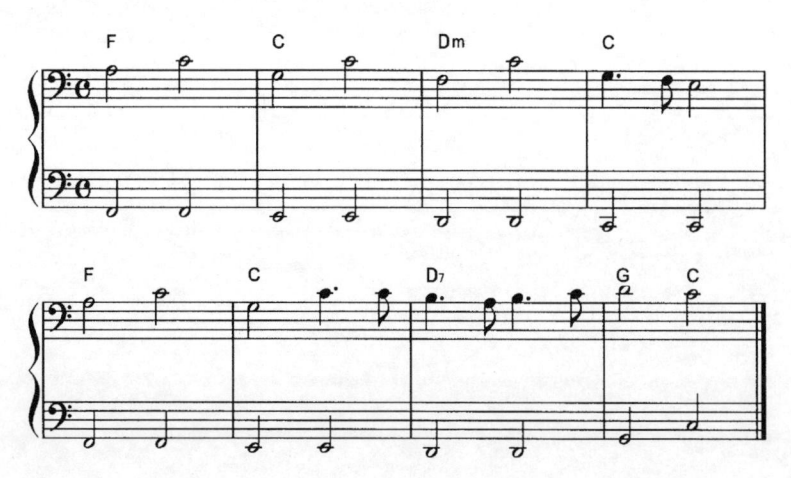

| step 3 | 下り坂になりました。電車のスピードが速くなりましたよ。

| step 4 | 電車のスピードをいろいろと変化させながら,走っていきましょう。

| step 5 | 一通りあそび終わったら,子どもたちに尋ねてみましょう。

「電車はうまく止まりましたか？」

「前の電車と衝突しませんでしたか？」

「坂道（あるいは下り坂）では,電車はどうなりましたか？」

> **アドバイス**　ここでは前の人の服をつかまないで（前の人に触らないで）"電車ごっこを"してみましょう。自由に（身体を）動かせるので楽しいかも。

〈神原／ぶん, 小見／music〉

ゲーム20　ブ ラ ン コ

　このゲームは，ゆれ（スウィング）の感じをつかむあそびです。力を入れるところ，力を抜くところ（緊張と弛緩）をさがしてみよう。

step 1　準備をしましょう。
　向かい合って手をつないで。タオルを持ってもよい。
　あるいは新聞紙かティッシュペーパーを二人で持っても楽しいかも。
　幼い子どもの場合は，フープを数人で持ってもよいですね。
　要するに，自分のからだを，自分で支えるような状況が望ましい。年齢や場所に応じて，適時，判断してください。はい，これで準備OK！

step 2　ブランコのようにうごきましょう。
① 音楽に合わせて，ブランコのようにうごきましょう。
　音楽が強くなったり，弱くなったりしたら，ブランコの揺れも変えてくださいね。
② 途中で音楽が止まったら，そのままのポーズで止まりましょう。
　うごいているのか，止まっているのか，すべては音楽が教えてくれますよ。

　アドバイス　ブランコに乗ったとき，身体が持ち上がる（空中に浮かんでいる）ような感じがありますね。ここでは，その感じを味わうために，膝のバネをうまく用いること（膝をゆったりと曲げて，ゆったりと伸ばす）。体重が前後に，あるいは上下に揺れているような感じでしましょう。不安定な状態で止まっているとき，わたしたちは身体を固くして待ちます（緊張）。再びうごきだすとき，安定感のあるホッとした感じを味わいます（弛緩）。広い空間がないときには，向かい合って座って，シーソーのようにしてもよいですね。このゲームでは，この緊張と弛緩の両方を味わうのです。

〈神原／ぶん，小見／music〉

ゲーム21　ピタッ！

二人で手を合わせてみよう。

step 1　2～3人で向かい合いましょう。

音楽に合わせて（自分の）手をたたきます。途中で音楽が止まると，すぐに隣の人と手のひらをピタッとくっつけましょう。

即興演奏のサンプル

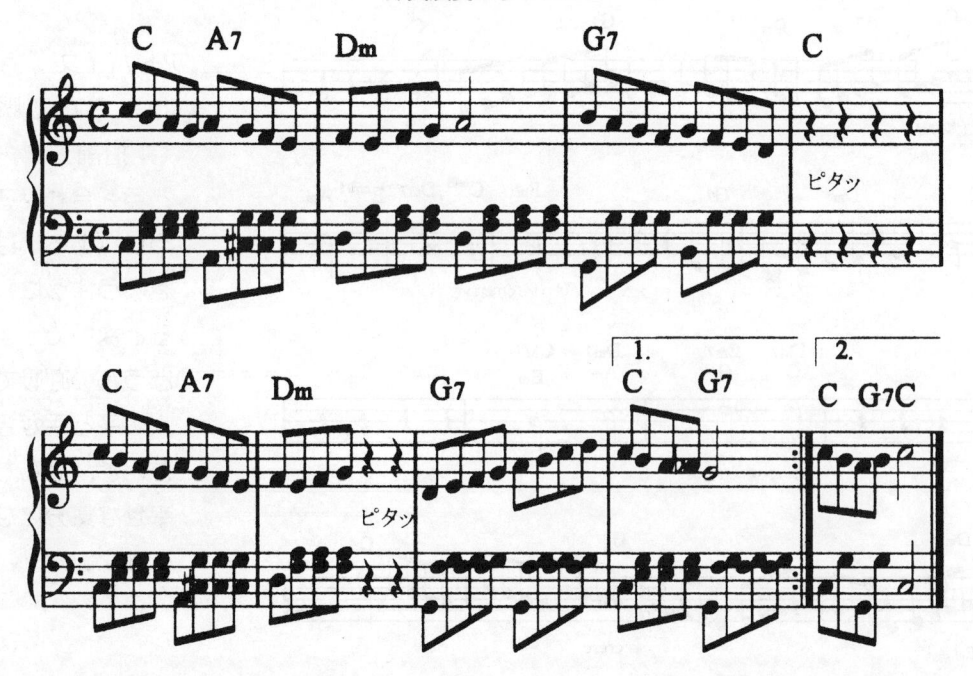

step 2 今度は，音楽に合わせてうごきましょう（歩行，駆け足，あるいは宇宙遊泳のようなうごきなど）。

途中で音楽が止まったら，うごきの途中でもピタッと止まります（ビデオテープの画像がいったん停止されたかのように止まりましょう）。止まったときの姿を楽しみましょう。

即興演奏のサンプル

駆け足　　　　　　　　　　　　　　　　　　　　ストップ
歩く　　　　　　　　　　　　　ストップ　　　ゆっくり動いて
ストップ　　　　ゆっくり動いて　　　　　　　ストップ
駆け足　　　　　　　　　　cresc.　　rit.

> **アドバイス**　手合わせをする瞬間（1拍前）に，目と目を合わせるように（あるいは息を吸うように）するとよいでしょう。あうんの呼吸で二人の手と手が合ったとき，なんだか幸せな気分になれますよ。

〈神原〉

第2章 ビートにのろう 61

ゲーム22　リズムパターン

四人で順番に手をたたいてみよう。

step 1　四人で並びます。一人ずつ順に一つずつ手をたたきましょう。4拍子の音楽に合わせてたたくと調子がよいですね。

step 2　上と同じ要領でおこないます。しかし，ここでは自分のたたく順番がきたとき，手をたたいてもたたかなくてもどちらでもOKです（たたくかたたかないかは自分で決めてください）。

> **アドバイス**　途中で，手拍子が抜けたときにリズム・パターンが生まれます。どんなリズム・パターンができるのかスリル満点ですね。ここでは，自分のたたくところだけ考えてもうまくいきません。みんなのリズムを聴きながら参加することが秘訣ですね。

〈神原／ぶん，小見／music〉

ゲーム23　あっち行くよ，ポン！

このゲームは，ビート感やアクセントを予期するセンスを刺激します。

step 1　二人で前後になって歩きましょう。後ろの人は前の人に触らないで。
　音楽のビートに合わせて，前の人はドンドン前に進んでください。後ろの人は，前の人を見失わないようについていきます。

step 2　歩いている途中に，先生の合図（"ハイ"ということば，あるいはピアノのアクセント）が聴こえたら，すぐに前後の役割を交替します。

step 3　同じ要領で。二人で前後になって歩きます。ここでは，先生は合図を出しません。後ろの人が前の人の肩をポンとたたいたら，前後の役割を交替します。

アドバイス　特にstep 3では，前の人は（後の人が）ポンと肩をたたいてくれる瞬間を，いつかいつかと待ちながら歩くことになります。このドキドキ感はたまりません。

〈神原／ぶん，小見／music〉

ゲーム24　あんたがたどこさ

　この歌は熊本地方のわらべうたです。このゲームは，ビート感やアクセントを予感する感覚を刺激します。

　お父さんお母さんのなかには，この歌をうたいながら，まりつきをした人は多いのではないでしょうか？　歌の最後には両足の間を，まりをくぐらせて，手にとっておしまい。この最後のところは特にスリル満点ですね。

step 1　「あんたがたどこさ」をうたいながら，下から上に向けてビートをたたく。「さ」をうたったらすぐに下に戻り，再び上に向けてビートをたたきましょう。

step 2　ボールを1個準備します。数人で円陣になって座ります。

　「あんたがたどこさ」をうたいながら，1拍ずつ順にボールを手わたしていきます。「さ」のところでボールを回す方向を換えます。

①	②	③	④		③	②		③	④	⑤
あんた	がた	どこ	さ	→	ひご	さ	→	ひご	どこ	さ

step 3　ボールを各自持ちます。「さ」のところで，ボールを床につきましょう。

　アドバイス　伝承あそびの多くは，お兄さんお姉さんがやっているようすを観察し，見聞きして覚えて，参加しましたね。うまくできない子は，歌詞をうろ覚えで参加していることが原因のようです。しっかりとことばを唱えることから始めましょう。

〈神原〉

ゲーム25　ことりのリズム

このゲームは速いリズムに慣れること，そして両手の独立性を刺激します。

step 1　二人で向かい合いましょう（数人でも可能です）。

お互いに，左の手のひらを差し出します。これは小鳥さんの餌箱です。

右手で小鳥のくちばしを作りましょう。相手の餌箱を「チチチチ」（ティティのリズム）と唱えながら軽くつつきます。

小鳥さんが餌を食べているように，可愛いらしくつついてください。

step 2　さあ，途中で合図が聴こえたら，両手を交替します（左手で小鳥のくちばしを，右手は餌箱です）。

即興演奏のサンプル

> **アドバイス**　このゲームは，両手の独立性を刺激します。最初のうちは，ゆっくりと練習し，少しずつ速くしていくとよいでしょう。餌箱となる手がグラグラ動かないように気をつけましょう。手の位置にも気をつけて。相手の人がたたきやすい位置に手を構えてあげましょう。相手のことを気遣う気持ちを持つことも大切なことです。

〈神原／ぶん，小見／music〉

第3章

拍子を感じよう

♪ ♪ ♪ ♪ ♪ ♪ ♪ ♪ ♪ ♪ ♪ ♪ ♪ ♪

　ビートの流れに規則的なアクセントが生じるとき，拍子が生まれます。それは音楽にまとまりを与え，心地よさを醸しだします。

　拍子を感じとるためには，からだの重心を規則的に移動させ，大きな揺れの感じを味わうことがポイントです。
　からだを硬直させたり，直立不動になったり，手先や指先だけの運動にならないように留意しましょう。

　リズミカルなうごき，揺れ（スウィング）を失わないように，そして空間をうまく活用するように気をつけましょう。

　そうです。心もからだもリラックスして参加するのがポイントなのです。

〈神原・小見〉

ゲーム26　いち・に・さん・し de ポーズ

step 1　二人組になります。音楽に合わせて「いち・に・さん・し」と唱えましょう。

「いち・に・さん・し」

即興演奏のサンプル

みんなの声がそろったところで，（先生は）みんなの知っている4拍子の音楽，あるいは即興演奏を加えましょう。

step 2　「いち」のところで（身体の一部を動かして）ポーズをとりましょう。「いち・に・さん・し」と唱えるのを止めないでくださいね。

step 3　次は，「いち・に・さん」と唱えましょう（先生は3拍子の音楽を添えましょう）。

　ここでも音楽の「いち」のところでポーズをとりましょう。

step 4　次は，「いち・に」と唱えましょう（先生は2拍子の音楽を添えましょう）。

　ここでも同じく，「いち」のところでポーズをとりましょう。

第3章 拍子を感じよう 67

step 5　さあ，今度は音楽が途中で変わりますよ。ポーズをする箇所をうまく聴き取ってくださいね。

> **アドバイス**　このゲームは，ビデオのコマ送りのような状況となるでしょう。刻々と変化するポーズの変化を楽しみましょう。
> 　ストーリーを考えて（たとえば，台所で料理をしている，テニスをしている，服を試着して鏡をのぞいている，など），即興的に動いてみるのも楽しいですね。

〈神原／ぶん，小見／music〉

ゲーム27　色さがし

このゲームは，前のゲームの応用です。ビート感，拍子感，空間感覚を刺激します。

step 1　アカ，キイロ，オレンジの色紙を数枚準備します。その色紙を部屋の床にバラバラに置きます。

step 2　拍子を聴きわけて，カードを指さしてみよう。

アカのカード

キイロのカード

オレンジのカード

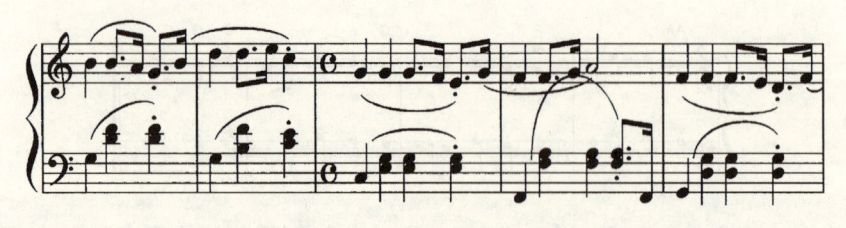

① カードを踏まないように，音楽に合わせて歩きましょう。音楽が止まったら，そのカードを指さして止まりましょう。

　先生は，アカ（2拍子の音楽），キイロ（3拍子の音楽），オレンジ（4拍子の音楽）の音楽を奏でます。

② ユニークなポーズの子どもがいたら，その姿をみんなで見てみましょう。

> アドバイス　子どものなかには，椅子取りゲームのように，色紙を取りたくなる子も少なくないと思われます。特に，色紙の枚数が少ないときには，このゲームがケンカの種になってしまう危険性をはらんでいます。幼い子どもを対象にするときには，とりわけ配慮が必要です。ゲームを始める前に"色紙はみんなのもの"であることを告げて，おもしろいポーズで指さして止まるように伝えましょう。

〈神原／ぶん，小見／music〉

ゲーム28　三つの色カード

step 1　先生は，赤のカードを1枚準備します。みんなはカードを指さしながら，「あ・か」と唱えます。これは簡単です。一緒に言ってみましょう

「あ・か」

そう！　上手。では，「あ・か」と唱えたら，すぐに手を二つたたきます

さあ，続けてやってみましょう。

step 2　先生は，みどりのカードを準備します。みんなはカードを指さしながら，「み・ど・り」と唱えます。一緒に言ってみましょう。

「み・ど・り」

「み・ど・り」のあとは，三つ手をたたきます。続けてやってみましょう。

step 3　先生は，オレンジのカードを準備します。みんなはカードを指さしながら，「オ・レ・ン・ジ」と唱えます。一緒に言ってみましょう。

「オレンジ」

そのあと，四つ手をたたきます。続けてやってみましょう。

第3章 拍子を感じよう 71

> step 4　さあ，カードをよく見て。次々と色が変わりますよ。

　先生は途中でカードを差し変えます。子どもたちは，カードの色に合わせて，唱えることばと手拍子を変えますよ。

（楽譜）

（イラスト：「みどり」「オレンジ」と唱える子どもたち、トン　トン　トン）

> step 5　可能なら，カードの係を子どもたちにチャレンジしてみるように促しましょう。

> アドバイス　ことばのシラブルと音楽のビートを重ね合わせることで，いろいろな拍子を楽しむことができます。五つのシラブルをもつことばを取り上げても楽しいですね。たとえば，「ドラえもん」「ランドセル」「ピアニスト」など。

〈神原／ぶん，小見／music〉

ゲーム29　ナシ，リンゴ，オレンジ

このゲームは，ことばのまとまりに注意を促し，拍子感を味わうあそびです。

step 1　先生は，ナシ（白）・リンゴ（アカ）・オレンジ（オレンジ）の色紙を１枚ずつ準備します。先生は，（みんなが見えるように）白の色紙をさしだします。
　白色の紙を見せて，"この色はな～んだ？"と問いかけます。
（子どもの意見を聴く）
　はい，これはナシの色でした。みんなは，その色紙を指さしながら「ナ・シ・」と唱えます。その後，すぐに二つ手をたたきます。リズムにノッて。

　　　　|　ナ・シ・　|　トン・トン・　|　と続けましょう。
　　　　　（指さしながら唱える）（２つ手拍子）

step 2　次に，赤色の色紙を見せて，"これ，な～んだ？"と問いかけます。
（子どもの意見を聴く）
　そうです，これはリンゴでした（赤色で３文字のものであればよし）。
　音楽に合わせて，"リンゴ"と唱えましょう。

　　　　|リ・ン・ゴ・|トン・トン・トン・|リ・ン・ゴ・|トン・トン・トン・|……
　　　　　（唱える）　（手をたたく）　　（唱える）　（手をたたく）

step 3　オレンジの色紙を見せて，"これ，な～んだ？"と問いかけます。
（子どもの意見を聴く）
　そうです，これはオレンジでした（オレンジ色で４文字のものであれば良し）。
　音楽に合わせて，"オレンジ"と唱えましょう。

　　　　|オ・レ・ン・ジ・|トン・トン・トン・トン・|……
　　　　　（唱える）　　　（手をたたく）

step 4　次は，色紙が次々と変わっていきますよ。
（リーダーは音楽の途中で色紙を差し替えていく）

ナシ

リンゴ

オレンジ

> **アドバイス**　リーダーは子どもの反応を見ながら，適時，カードを差し替えましょう。慣れてきたら頻繁にカードを差し替えると，スリルがあって楽しくなります。（リーダーは）ことばの最後のシラブルのところでカードを差し替えると，（子どもは）タイミングよく唱えることができます。ここでは，子ども一人ひとりが"うまくできた"と実感すること（成功体験をもつこと）が大切なことです。

〈神原／ぶん，小見／music〉

ゲーム30 ステップしよう

軽やかなステップに挑戦してみましょう。

step 1 2歩ステップしましょう。続いて、二つ手拍子します。

（あるく）　（手を叩く）

step 2 次は3歩歩いて、三つ手拍子です。

（あるく）　（手を叩く）

step 3 同じく、4歩歩いて、四つ手拍子です。

（あるく）　（手を叩く）

第3章　拍子を感じよう　75

step 4　さあ，準備はできました。

途中で音楽の拍子が変わります。音楽にうまくノッてステップしてみましょう。

アドバイス　このゲームでは，初めのうち（先生は）拍子の「数」を告げるとわかりやすいですね。慣れてきたら拍子の数は告げないで，音楽だけを聴いて判断し，うごいてみるように促しましょう。

〈神原／ぶん，小見／music〉

ゲーム31　ちがうリズムを合わせて

このゲームは，四肢の独立性や調和のセンスを刺激します。

step 1　二人で向かい合って，両手の手のひらを合わせます。
① まず初めに，片方の手だけでターのリズムをたたきます。
② 次は，もう一方の手でティティのリズムをたたきましょう。

step 2　さあ，準備はできました。両手（二つの違うリズム）を一緒にたたいてみましょう。

step 3　途中で合図が聴こえたら，両手のリズムを交替してみましょう。

> **アドバイス**　このゲームでは，両手のリズム（異なるリズム）を調和させるセンスを刺激します。うごきの空間をうまく操るのがポイントです。つまり，速いリズムのほうは空間を狭く，遅いリズムのほうは空間を広めにたたくとうまくできるでしょう。

〈神原〉

ゲーム32　いくつかな？

このゲームは，空間感覚，フレーズ感，拍子感などを刺激します。

step 1　音楽に合わせて歩きましょう。

途中で（先生あるいはリーダーは）適当な数（2〜5程度の数）を言います。

子どもたちは言われた数だけステップし，次に止まって同じ数だけ手拍子します。

歩く　　止まって手拍子　　歩く　　止まって手拍子

step 2　二人で手のひらを合わせて，音楽に合わせてゆっくり揺れます。

たとえば，「3」と言われたら，3拍分で前後に（あるいは左右に）揺れます。「4」と言われたら，4拍分で大きく弧を描くように揺れます。

数が大きくなるとうごきも広く大きくなります。

※ここではゲーム26やゲーム37に掲げた即興演奏のサンプルを使用することができます。

アドバイス　うごきのスピードをうまくコントロールしましょう。カウントの途中でうごきが止まってしまわないように――。数が大きくなると，まるで宇宙遊泳をしているかのようなうごきになるでしょう。

〈神原〉

ゲーム33　おちたおちた

　このゲームは唱えあそびです。2拍子のビート感，フレーズ感，強弱感などを刺激します。リズミカルな対話を楽しみましょう。

step 1　「おちたおちた」（伝承あそび）をうたう。

（リーダー）おちた　おちた　　（みんな）なにが　おちた　　〇〇が　おちた　　ポーズ

〇〇のところが「リンゴ」のときは，手のひらを出して受け止めるポーズ
　　　　　　　「雷」のときは，おへそを隠すポーズを，
　　　　　　　「げんこつ」のときは，手で頭を隠すポーズを。

step 2　リーダーを代わって，あそびましょう。

step 3　「おちた」のところを「とんだ」に変えてうたってみましょう。

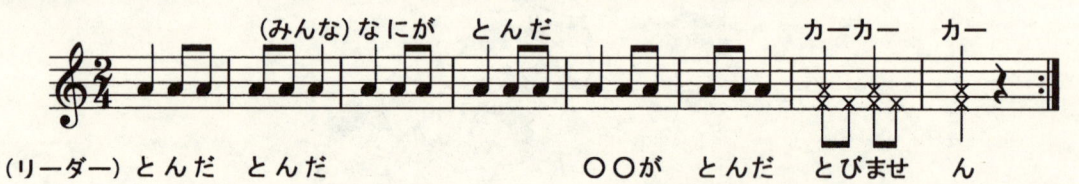

（リーダー）とんだ　とんだ　　（みんな）なにが　とんだ　　〇〇が　とんだ　　カーカー　カー　　とびません

サンプル　ヘリコプターがとんだ＝"パタパタパタ……"と言いながらジェスチャー。
　　　　　ジェット機がとんだ＝"キーーーーン"。
　　　　　トンボがとんだ＝"スイスイスイ（ん？）"。
　　　　　うさぎがとんだ＝"ピョンピョンピョン"。
　　　　　机がとんだ＝"とびません"とからだの前で×のポーズをする。
　　　　　かめさんがとんだ＝"とびません"とからだの前で×のポーズをする。

アドバイス　唱えことばを用いたあそびです。対話を楽しみましょう。

〈神原〉

ゲーム34　カードでトントン

このゲームは，ビート，アクセントを感じ取るセンスを刺激します。

step 1　床にたくさんの色カードを置きましょう。音楽が止まったら，近くのカードに触れましょう。

即興演奏のサンプル

- 音楽が止まったら，先生（あるいは友だち）の言った色のカードに触れる。
- 　　　　　　〃　　　　　　くだものの色と同じカードに触れる。
- 　　　　　　〃　　　　　　○○さんの服の色と同じカードに触れる。
- 　　　　　　〃　　　　　　みんなの好きな色のカードに触れる。etc,

> **アドバイス**　音楽は，同じ強さで演奏しないようにしましょう。時に強く，時に弱く演奏すると，音を聴くセンスが刺激されます（特に弱い音を聴く瞬間に，注意力や集中力が育まれます）。

step 2　同じ要領で——。音楽が止まったら近くのカードを指さしましょう。いろいろなポーズで指さしましょう。

step 3　二人組になります。
① 一人がカードを持ち，もう一人がそのカードを軽くたたきます。
　　（このとき，先生は，ピアノで単旋律を演奏します）
　　次に，両手でピアノが演奏されたら，自由に歩きます。
　　単旋律が聴こえたら，すぐに二人になって，カードを指でたたきます。
② 両手でピアノが演奏されていたら，自由に歩きます。単旋律が聴こえたら，すぐに立ち止まり，（離れたままで）一人はカードを掲げ，もう一人はそのカードを指でたたいているまねをしましょう。

> **アドバイス**　離れていても，二人は見えない糸で結ばれているのです。

〈神原／ぶん，小見／music〉

第3章 拍子を感じよう 81

ゲーム35 かごに入れて！

このゲームは，拍子の感覚を刺激します。

step 1 ゆっくりと数を唱えてみましょう。

（みんなで唱える）「どーぞ」｜いーち　にーい　さーん　しーい｜

そう，上手に数えましたね。

step 2 ボールを4個（お手玉でも可）と，取り入れしやすいかごを一つ（フープを床に置いて用いても可）準備します。

かごの中にボールを4個入れます。

数を唱えながら，一つずつ，ボールをかごから取り出しましょう。

> **アドバイス** ボールを取り出す動作と，数を唱える瞬間を合わせる（同期）ようにしましょう。つまり，「いーち」と唱える「い」の瞬間に，取り出したボールを隣の床に置きます。こうすると，「い」の前拍に息を吸う動作が起こりますね。この呼吸は大切です。これは音楽のアインザッツ（拍がうち下ろされる着地の瞬間）を意識することに通じています。

step 3 二人組になりましょう。かごを真ん中に置き，二人で向かい合って座ります。一人はボールをかごから取り出す係，もう一人は外に出されたボールをかごに入れる係になります。

4拍ずつ，交互に，ボールを出したり入れたりしましょう。

（先生は，子どものうごきに合わせて音楽を奏でましょう）

即興演奏のサンプル（空白部分は自由に演奏しましょう）

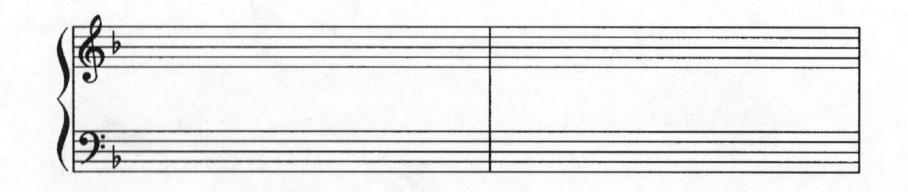

> **アドバイス** このゲームでは，唱える行為とボールを取り出す動作を同期させることが重要です。ことばは明瞭に，リズミカルに。唱えことばが弱々しくならないように留意しましょう。うごきに伴う音楽が単調にならないようにしましょう。だんだんゆっくりしたり（rit.），だんだん速くしたり（accel.），あるいは時に強く（forte），時に弱く（piano）したりして，変化を与えるように演奏しましょう。
> 　音楽のうごきと，身体のうごき（ボールを入れたり出したりする動作）をうまく重ね合わせる－このうごき（空間）と音楽の関係に気づくことが重要なのです。

〈神原〉

第3章　拍子を感じよう　83

ゲーム36　肩 た た き

いろいろな拍子（2拍子，3拍子，4拍子）に慣れましょう。ちょうどよい力加減で，肩たたきをしましょう。

step 1　まずは準備のあそびです。

二人で向かい合います。音楽に合わせて，リズミカルに手をたたきましょう。

途中で合図が聴こえたら，二人で手を合わせましょう。

すぐに，再び手をたたきましょう。

（合図は，ことば「ハイ」でもよいし，奏でる音楽の中にアクセントをつけてもよい）

即興演奏のサンプル

step 2　二人で前後になって。肩たたきをしましょう。

音楽を聴いて，アクセントのところでは少しだけ重めに肩をたたきましょう。

（あるいは，アクセントのところで肩をたたき，その他のビートは手をたたいてもよい）

途中で合図があったら，交替しましょう。

step 3 先生は拍子をいろいろと変えながら演奏します。
みんなは、拍子の変化を聴き取って、肩たたきをしましょう。

アドバイス 拍子の１拍目を、あまり強くたたき過ぎないように気をつけましょう。１拍目は、ほんの少し意識する程度で十分なのです。
ちょうど心地よい力加減でたたいてあげましょう。

〈神原／ぶん，小見／music〉

第3章 拍子を感じよう　85

ゲーム37　ボールをつこう

　このゲームでは，ビート感や拍子感を刺激します。

　子どもたちが大好きなボール！　ボールを手にするだけで，何も伝えなくても，あそびが始まります。ボールをついたり，転がしたり，投げ上げたり，キャッチボールをしたり……。

　わたしたちが，普段，ボールを投げたり，とったり，ついたりするときのうごきを，音楽の流れや抑揚と重ね合わせてみると，どこか似ているところがあることに気づきます。

　それもそのはず。わたしたちは昔から，歌をうたいながら，"あんたがたどこさ……"とうたいながらボールをついて遊んでいましたね。

　音楽はもともと，日常の動作（歩いたり，走ったり，あるいはとんだり，などなど）をヒントにしてつくられたものが少なくないのです。

step 1　二人組で向かい合って立ちます。ボールを1個準備します。

　音楽の1拍目のときに，ボールを床について相手にわたします（先生は，2拍子の音楽を演奏します）。

step 2　次は3拍子の音楽に合わせてボールをついてみましょう。1拍めでボールをついて相手にわたします（先生は3拍子の音楽を演奏します）。

step 3　次は4拍子の音楽に合わせてみましょう。ここでも1拍目でボールを床について，相手にわたします（先生は4拍子の音楽を演奏します）。

> **コラム「テンポとエネルギーと空間」**　ジャック＝ダルクローズ（1865-1950）は，音楽を特徴付けている様々な要素は動きによって表現することができることに気づき，音楽と動きを融合した創造的な音楽教育（リトミック）メソッドとして体系化しました。彼は刻々と変化する音楽を演奏し，学生にはその音楽に即座に身体の動きを重ね合わせるように求めました。またあるときは，身体運動の変化に合わせて，即興的に音楽を奏でるように求めたのです。こうした体験を通して，学生は音楽の"テンポ""エネルギー"そして"空間"の自然な関係について感じ取り，次第に音楽的なセンスを高めていくのです。
>
> 　例えば，ボールをつく動きを考えてみましょう。ふつうの速さでボールをつくとき，それは無理なく自然に行うことができるでしょう。もし，少し速くボールをつこうとしたら，先ほどと同じ空間では力んでしまって遅れてしまいます。テンポが速くなったら，少し腰を落として（ボールの動く空間を狭くして）力を抜いてつくと巧くいきますね。つまり，テンポが速くなると，空間は狭く，エネルギーは弱くすると巧くボールをつくことができます。同様に，もしゆっくりボールをつくとしたら大きな空間が必要となります。そのとき少し強めのエネルギーでボールをつかなければ巧くいきません。つまり，空間を広く，エネルギーを大きくすれば，テンポはゆっくりになるのです。自然な動きの中には，このような関係性があります。
>
> 　リズム・ゲームや創造的な表現を行うときにも，テンポ・エネルギー・空間の関係に心を向けると，より自然な表現を行うことができるようになります。
>
> 〈神原雅之〉

step 4　途中で拍子が変化します。うまく聴き取って（1拍目で）ボールをつきましょう。

アドバイス　先生は子どもたちのようすを見ながら，適時，拍子を変えて演奏しましょう。

〈神原／ぶん，小見／music〉

ゲーム38 みんなでダンス

3拍子の揺れる感じを楽しみましょう。

step 1　二人で向かい合い，手をつなぎます。音楽に合わせて揺れましょう。

step 2　「みんなでダンス」を踊ってみましょう。

「みんなでダンス」（神原雅之／作詞・作曲）

第3章 拍子を感じよう 89

アドバイス 歌の最後のポーズを工夫してみましょう。そこはシャッターチャンスです。可能ならば，先生がタンバリンとトライアングルを入れて盛り上げてください。

〈神原〉

ゲーム39 ピコロミニ

うたあそびです。8分の6拍子の揺れるリズム（ターイやティティティ）に親しもう。

step 1 音楽に合わせて揺れよう。ターイとティティティのリズムを聴きわけよう。

① ターイのリズムに合わせて左右に揺れてみよう，ぞうさんのお鼻のように。
　途中で音楽がティティティのリズムになったら走りましょう，小鳥が飛んでいるように。
② 二人で両手の手のひらを合わせて，ターイのリズムで前後に揺れてみよう。
　途中で音楽がティティティのリズムになったら，二人でせっせっせをしましょう。
③ 円陣になって両手をつなぎます。音楽に合わせて，右向きにターイで歩きます。
　音楽がティティティのリズムになったら反対方向に走りましょう。
④ ターイとティティティのリズムをつかって，ゲームを考えてみよう。

[楽譜]

step 2 「ピコロミニ」の歌をうたってみよう。

① 音楽に合わせて揺れながらラララ……とうたいましょう。
② 左手（5本指）を出して。右手で，左手の指を1本ずつ指さしながらうたいましょう。

「ピコロミニ」（アメリカの子どものうた）

[楽譜]
ピ コ ロ ミ ニ ピ　コ ロ ミ ニ　ピ コ ロ ミ ニ ピ　コ

ロ ミ ニ ピ コ ロ　ミ ニ ピ コ ロ ミ　ニ ピ コ ロ ミ ニ　ピ

コ ロ ミ ニ ピ コ　ロ ミ ニ ピ コ ロ　ミ ニ ピ コ ロ ミ　ニ

③ 同じ要領で，ピコロミニの"ピ"だけうたいましょう。指さす動きは止めないで。

> **アドバイス**　五つのシラブルでできている言葉や単語をさがしてみよう。たとえば，「こままわし」「ヒヤシンス」「ランドセル」……。その単語でうたってみよう。

〈神原〉

第4章

フレーズ・呼吸・空間

♪♪♪♪♪♪♪♪♪♪♪♪♪♪♪

　フレーズは，リズムや旋律のまとまりを生みます。たとえば，わたしたちは，日常会話でいくつかのことばを連ねておしゃべりするように，音楽でもいくつかのリズムパターンを連ねて"フレーズ"をつくります。そのまとまりの中で，わたしたちはさまざまな意味を伝え，いろいろな情感を感じ取ることができるようになります。

　フレーズの始まりや終わりを体験するなかで，"呼吸"の感覚を味わうことは重要です。この感覚は，音楽（リズムや旋律など）のまとまりや音楽の進む方向などを感じとることができます。

　フレーズをうごいてみようとするときには，（フレーズのまとまりを）からだのうごきの大きさ（空間）に置き換えるようにするとよいでしょう。たとえば，短いフレーズは小さな空間で，長いフレーズは大きな空間で表現するようにすると，より自然な表現となります。

〈神原〉

ゲーム40　だるまさんがころんだ

　このゲームは古くから親しまれてきた伝承あそびです。テンポ感，強弱感，フレーズ感を刺激します。ストップの瞬間を予感するときのスリルは格別ですね。

step 1　鬼の役（リーダー）を決めましょう。みんなは部屋のもっとも遠い所に立って。準備完了！

　鬼は後ろを向いて，「だ・る・ま・さ・ん・が・こ・ろ・ん・だ」と唱えます。

　みんなは，その唱えことばの最後で動作を止めます。鬼に，うごいている瞬間を見つけられないように。

　もうこれだけでも，十分に楽しめるスリル満点のゲームです。

step 2　太鼓（あるいは木魚）を一つ準備します（幼い子どもの場合，できればスタンド付きで床に据え置きできるようなものがよい）。

　リーダーは，「だるまさんがころんだ」という唱えことばの代わりに，太鼓（木魚）をたたきます。みんなは，その太鼓のリズムを聴きながらうごきましょう。

アドバイス　このゲームは，我が国で古くから伝承されてきた唱えあそび（伝承あそび）です。伝承あそびの多くは，"ことばとうごきを伴っている"という特徴を持っています。

〈神原〉

第4章　フレーズ・呼吸・空間　95

ゲーム41　ヒラヒラペーパー

　このゲームは，一点を注視するあそびです。視覚と動作（あるいはことば）を合わせるセンスを刺激します。時間と空間の関係をうまく感じ取りましょう。

step 1　小さな紙の断片を準備します（紙の断片の大きさや材質は自由です。色紙，新聞紙，ダンボール，ティッシュペーパーなど，いろいろなものを準備しましょう）。

① 先生（リーダー）は，その紙を頭上から落とします。みんなは，その紙が床に着いた瞬間に「落ちた！」と言います。

② こんどは，紙が床についた瞬間に，「落ちた」と言いながら手をたたきましょう。

step 2　紙が落下するようすを，ことば（ヒュ〜，サーっ，スーっ，など）や手のうごきで表現してみよう。

step 3　ヒラヒラペーペーを投げてみよう。
① 数をリズミカルに唱える。「1，2，3，4，ゴー」。"ゴー"のときに紙を投げましょう。
② 音楽（歌）に合わせ歩きます。歌の最後で紙を投げましょう。

> **アドバイス**　リーダーは，紙の断片の大きさを変えたり，落とすポイント（高さ）を変えたりしてみましょう。紙の大きさや素材の違う紙ですと，落ち方が変化します。
> 　さまざまな紙を準備し，その紙を落とす前に，子どもたちに落ちる様子を予想するようにたずねてみるのも楽しいですね。いろいろな意見がでてきますよ。

〈神原〉

ゲーム42　まわせまわせ

このゲームは，ビート感，拍子感，フレーズ感などを刺激します。

step 1　七～八人程度で円陣になって座りましょう。

ボールを一つ準備します。

音楽に合わせて，ボールを隣の人にわたしていきます（ボールを投げわたしたり，急に突き出したりしないで，大切な宝物を手わたしているような気持ちでわたしましょう）。

step 2　同じ要領で——。途中で，先生の合図（"ハイ"あるいはピアノのアクセント）が聴こえたら，ボールをわたす方向を変えましょう。

第4章 フレーズ・呼吸・空間 97

step 3 「まわせまわせ」(石丸由理／作)の歌をうたいながら,ボール回しをしましょう。歌の最後にボールを持った人は,すぐに立ち上がって円のまわりを(スキップで)ひとまわりしましょう。

「まわせまわせ」(石丸由理／作)

まわせまわせよ どんどんまわせ
だれのところにとまるかな
さあ スキップで一周

> **アドバイス** この歌は,石丸由理さんの作品です。わたしの大好きな曲です。スキップをするところは16呼間あります。16呼間をうまく使って,円を一周するようにしましょう(早くまわってしまったり,ゆっくりしすぎて一周をまわれなかったりしないように)。時間と空間を調和させるセンスが必要です。

〈神原〉

ゲーム43　アルプス一万尺

このゲームは，ビート感やフレーズ感を刺激しながら，ともだちとのかかわりを楽しみましょう。

「アルプス一万尺」はアメリカ民謡。我が国では，手あわせうたとしてよく知られています。幼いころ，"せっせっせーの，ヨイヨイヨイ，アルプスいちまんじゃく……"とうたいながらあそんだ人は多いと思います。お父さんお母さんにきいてごらん。

ここでは，この歌をダンスにして遊びましょう。

step 1　二人で向かい合って，両手をつなぎます。これで準備完了！

一緒に4歩ステップします（一人は4歩前に，もう一人は後ろに4歩）。すぐに向きを変えて4歩ステップします。この繰り返し。

step 2　「アルプス一万尺」の歌に合わせて，ステップしてみましょう。

｜アルプスいちまんじゃく｜
　（手をつないで4歩進む）

｜こやりのう～えで｜
　（逆方向に4歩進む）

｜アルペンおどりを｜
　（また逆に4歩進む）

｜さあおどりましょ｜
　（ジャンケンポン）

"さあおどりましょ"のところでジャンケンをします。

(歌詞を「アルペンおどりでジャンケンポイ」と代えてもよい)

|step 3| 次の"ランララ…"のフレーズからは，二人でダンスです。

ジャンケンに勝った人は，手をたたきましょう。

ジャンケンに負けた人は，勝った人の回りをひとまわりしましょう。

あいこだったら，二人で，手をつないでひとまわりしましょう。

│ラーラララ　ラララララ│……
　（二人で踊る）

「アルプスいちまんじゃく」（アメリカ民謡／作詞者不詳）

♩=120

G　　　　　　　　D7　　G　　　　　　　　D7
ア　ル　プ　ス　いち　まん　じゃ　く　こ　や　り　の　う　え　で
い　ち　ま　ん　じゃ　く　みー　た　ゆめ　でっ　かい　ちい　さい　ゆめ　だ　よ
きー　の　う

G　　　G7　　Em　　　　　G　　D7　　G
ア　ル　ペ　ン　の　お　ど　リ　を　さ　あ　お　ど　り　ま　しょう
ア　ほー　の　しみ　が　リュック　しょって　ふ　じ　と　ざ　ん
の　　　　　　　　　　　　　　　　　　　　　く　ん

C　　　　　　　　　　　　　G　　D7　　G
mp
ラン　ラ　ラ　ラ　ラ　ラ　ラ　ラ　ラン　ラ　ラ　ラ　ラ　ラ　ラ

C　　　　　　　　　　　　　G　　D7　　G
mf
ラン　ラ　ラ　ラ　ラ　ラ　ラ　ラ　ラン　ラン　ラン　ラン　ラー

> **アドバイス**　古い時代からダンスと音楽は深い関係を持っていました。たとえば，日本の盆踊りには歌や太鼓に加えて踊りがその主役を担っています。世界各地のフォークダンスも，両者が深い関係にあることを物語っています。
>
> 　それぞれの歌や踊りには，それぞれの時代を生きた人々の喜びや悲しみ，祈りや願い，感謝や慈愛など，さまざまな心情が含まれているのです。

〈神原〉

第4章　フレーズ・呼吸・空間　101

ゲーム44　ぞうさんのおともだち

このゲームは，拍子感やフレーズ感を刺激します。

step 1　数人（7〜8人程度）で円陣になって座りましょう。

先生は円陣の外側を歩きながら，「ぞうさんのおともだち，（繰り返し），森のなかを歩いていたら，おともだちを見つけたよ〜」とうたいます。

8小節目の「おともだちを見つけたよ〜」のところで，だれか一人を選びます。

その後の9小節からは，二人で手をつないで（スキップしながら）円をひとまわりします。歌の最後で，ぞうさんを交替します（先生は，おともだちが座っていたところに座ります）。

step 2　次は，先ほど選ばれたおともだちがぞうさんになって円をひとまわりします。

ぞうさんは，「おともだちを見つけたよ」のところで，だれか一人を選んでください。同じく，9小節目からは二人で手をつないでスキップしましょう。

歌が終わったら，ぞうさんを交替します（先ほどのぞうさんは，選んだおともだちが座っていたところに座ります）。

「ぞうさんのおともだち」（石丸由理／作）

step 3　さて，次のおともだちは，うさぎさんになってピョンピョンと（ターのリズムで）歩いていきましょう。

　みんなは，「うさぎさんのおともだち，（繰り返し），森のなかをあるいていたら，おともだちを見つけたよ～」とうたいます。

　うさぎさんは，「おともだちを見つけたよ」のところで，だれか一人選んでください。

step 4　さあ，次のおともだちはねずみさんです。ねずみさんは足が速いので，走ってみましょう。

　みんなは，「ねずみさんのおともだち……」とうたいます。

　こうして，おともだちはつぎつぎに代わって，円をひとまわりします。

> アドバイス　これも石丸由理さんの作品です。心があたたかくなる歌です。「おともだちを見つけたよ～」のところで，二人が目と目を合わせて，にこっとする瞬間が，わたしは大好きです。でも，子どものなかにはともだちを選ぶのに結構慎重な人もいます。ともだちを一人だけに絞れなくて，悩んじゃうんでしょうね。気持ちの整理がつくまで，待ってあげましょう。

〈神原〉

第4章 フレーズ・呼吸・空間 103

ゲーム45　トレパック

　このゲームは，旋律のなかに起こるアクセントを予感するセンス，そしてアクセントと身体のうごきを調和させるセンスを刺激します。

step 1　みなさんは，ジャンプできますか？　一緒にとんでみましょう。
　先生は，かけ声をかけます。いろいろな速さで試してみましょう。

どーぞぉ｜ピョン｜　　　　どーぞぉ｜ピョン｜

step 2　ピョンととぶとき，いろんな方向にとんでみましょう。
① 前にピョン，後にピョン，右や左にもピョン。いろいろな方向にとべますね。
② 二人で向かい合って。リーダーを決めます。リーダーと一緒にとんでみましょう。
③ "あっちむいてホイ"の要領で，リーダーと同じ方向にとんだら負け。負けたら，リーダーを交替しましょう。

step 3　さあ，ここで有名な音楽を聴いてみましょう。
　何はともあれ，曲の冒頭を聴いてみましょう。
　この曲は，ロシアの作曲家チャイコフスキーが作った「トレパック」という作品です。「くるみ割り人形」というバレエ音楽のなかの1曲です。トレパックは，ロシアのお菓子の精が踊

る，元気な音楽です。

　この作品を聴いてみて，強く演奏されているところがありましたね。そのところで，ジャンプしましょう。その他のところは軽やかに歩きましょう。

「トレパック」（チャイコフスキー／作曲）

アドバイス　この曲は，二つのうごき（ジャンプするところ／軽やかに走るところ）で構成されています。"音楽を聴きながら，うごく"ということが大切なことです。

〈神原〉

ゲーム46　行　進　曲

このゲームでは，ビート感やフレーズ感を刺激します。音楽の雰囲気の違いを聴きわけてうごいてみよう。

step 1　何はともあれ，音楽を聴いてみましょう。

（チャイコフスキー作曲『くるみ割り人形』から「行進曲」のＣＤの冒頭部分を30秒ほど聴く）

step 2　いかがでしたか？　どんな感じでしたか？

この曲は，チャイコフスキーが作曲した作品です。バレエ組曲『くるみ割り人形』のなかに含まれている「行進曲」という作品です。

最初のところは次のような旋律でした。

（先生はランラララララ，ランランラン……と口ずさむ）

これは何をしているところでしょう？

（子どもの意見を聴く）

そうですね，これは"ファンファーレ"を演奏しているところです。「これからお祭りを始めますよ〜」というお知らせの音楽を演奏しているところですね。

では，みなさんも好きな楽器（トランペットやトロンボーン，フルートやクラリネットな

ど）を持っているつもりで，ジェスチャーで演奏してみましょう。

step 3 次のところはどうでしたか？
（先生はラララララと口ずさむ，あるいはピアノで旋律を弾いてみる）

この音楽は何をしているところでしょう？
（子どもの意見を聴く）

そうですね。子どもたちがお祭りの会場に，あちこちから走って集まっているところです。みなさんも，駆け足で集まってくるようすをジェスチャーしてみましょう。

step 4 この「行進曲」は二つのうごきで作られています。
　みなさんは，音楽をよく聴いて"ファンファーレ"のところなのか，"駆け足でお祭りに集まっている"ところなのか考えて，それをうごきましょう。

> **アドバイス** うごくときに，バタバタと足音がうるさくならないように。せっかくの音楽が聴こえ難くなってしまいます。つま先で歩くようにしましょう。可能であれば裸足で。裸足は足音がさほど気にならず，からだの操作にも都合がよいようです。

〈神原〉

ゲーム47　とびだせりすちゃん

これは，音楽の緊張と弛緩を味わうゲームです。歌のフレーズをよく聴きましょう。

step 1　お母さんのひざに，だっこしてもらいましょう。

はい。準備はできましたね。

これから，先生がおまじないをかけると，みなさん（子どもたち）は，かわいいかわいいリスさんになります。とってもよい子のリスさんです。

リスさんは大きな木のなかでスヤスヤ眠っていますよ。

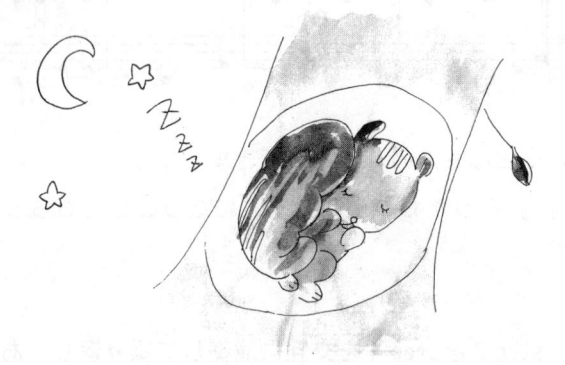

黒鍵を順に弾く

step 2　（先生は「とびだせりすちゃん」を歌う）

「とびだせりすちゃん」（アメリカ曲，志摩桂／作詞）

（ゆれる）

おやすみ　りすちゃん　ララララ　ララ
おおきなきの　なかだよ　ララララ　ララ

step 3

電話のベルの音

あ，これは目覚まし時計ですよ。みんな起きて目覚まし時計を止めてください。
（目覚まし時計を止めるジェスチャー）

step 4 　リスさんは駆け足が大好きです。みなさんも駆けだしてみましょう。

（部屋のなかを駆け足する。お母さんも一緒に走ってもよし。あるいは，お母さんは木々になってポーズをしてもよし）

「とびだせりすちゃん，ラララララ～，かけあしだいすき，ラララララ～」

（かけ足）

とびだせ りすちゃん ラララララ
かけあし だいすき ラララララ

歌が終わったらすぐに，お母さんのおひざに行きましょう。
「おやすみりすちゃん～」とうたわれたら，すぐにだっこしてもらって，スヤスヤ眠りましょう。

step 5 　これ以後は，step 2 と step 4 を交互に演奏して繰り返し，あそびましょう。
眠っているところから，駆け足を始める瞬間を予感してみましょう。

> **アドバイス**　この歌は，ゆったりした部分（静）と速い部分（動）からできています。その移り変わりの変化を楽しみましょう。
>
> 眠っているとき（だっこしてもらっているとき），先生は，「賢いリスさんは，くすぐっても起きません」と言いながら，身体の緊張を解いているかどうか確かめてみましょう。

〈神原〉

第4章 フレーズ・呼吸・空間　109

ゲーム48　はたけのポルカ

　ここではポルカの軽やかなリズムにのってうごきましょう。二人で呼吸を合わせて，リズミカルなうごきを楽しみましょう。

step 1　二人向かい合う。両手を取り合って，片側の手を少し上げて待ちます。これで準備OK！

step 2　「はたけのポルカ」（ポーランド民謡）を踊りましょう。
　高く手を上げている側の足からスタートしますよ。

（片足を出す－閉じる）（同じ足を出す－閉じる）　（4歩ギャロップして進む）
「だして　とじて，だして とじて，　　ピョン ピョン，　　ピョン　ピョン」

（逆の足を出す－閉じる）（片足を出す－閉じる）　（4歩ギャロップして進む）
「だして とじて，だして とじて，　　ピョン　ピョン，　　ピョン ピョン」

（手を三つたたく）（二人で手を3回合せて）（自分の手を3回たたく）（膝を3回）
「て を みっつ　せっ せっ せ　て を みっつ　お ひ ざ

（二人で手をつないでひとまわりする）
「ふ た り で　な か よ く　まわり ま しょー」

step 3　慣れてきたら徐々に速くして踊りましょう。

アドバイス　楽譜に，うごきを暗示する歌詞（せりふ）をいれてみました。先生は，この歌詞を唱えながら指導すると，うまくいきますよ。ここでは，子どもたち自身が"できた""楽しかった"という実感を味わうことがポイントです。

〈神原〉

第4章 フレーズ・呼吸・空間　111

ゲーム49　八つの手拍子

このゲームは，ビート感やフレーズ感を味わうのに効果的です。

step 1　手を伸ばして（自分の身体から最も遠い左から，最も遠い右端に向かう直線上を）八つ手拍子します。

step 2　8拍たたいたら，すぐにもとの位置に戻ります。では，（8拍をひとまとまりとして）2回だけ続けてたたいてみましょう。

step 3　次は少しだけ難しくなりますよ。

1回目は（8拍分をひとまとまりとして）8拍目だけをたたきません。

2回目のときは7と8拍目をたたきません。3回目は6と7と8拍目をたたきません。

以下同じように，たたかない箇所が増えていきます。

最後は，全部たたかない。そのときは，ジェスチャーだけになりますね。

（1回目）　1　2　3　4　5　6　7　×
（2回目）　1　2　3　4　5　6　×　×
（3回目）　1　2　3　4　5　×　×　×
（4回目）　1　2　3　4　×　×　×　×
（5回目）　1　2　3　×　×　×　×　×
（6回目）　1　2　×　×　×　×　×　×
（7回目）　1　×　×　×　×　×　×　×

アドバイス このゲームでは、ビートの進行と共に、たたく箇所とたたかない箇所が逐次変化していきます。参加の前に、あらかじめその流れを予測しながら行いましょう。予測したとおりにうまく手拍子ができたときの喜び（成功体験，満足感，充足感）は何にも代え難いものとなるでしょう。

〈神原／ぶん，小見／music〉

第5章

ロープ de ゲーム
―イメージあそび―

♪ ♪ ♪ ♪ ♪ ♪ ♪ ♪ ♪ ♪ ♪ ♪ ♪ ♪

　まっすぐにしたり，曲げたり，まるめたり，結んだり，巻いたり，ひっぱったり，ゆらしたり，回したり……。

　かたちもうごかし方も自由自在になるロープ。これを使っていろいろなゲームができますよ。

　ここでは，"ロープを使って何かをすること"が目的ではありません。
　ロープを手にするだけで，子どもは（何を教えられなくても）いろんなことを始めます。
　ロープをつかんで感触を味わったり，色・かたち・もようを視覚的にとらえたり，うごきを促したり……。
　このようにロープは，いろいろな遊びを生み出してくれます。

　あっ！　そんなロープあそびと音楽を結びつけることができそうです。
　ここでは，そんなイメージあそびのいくつかを紹介したいと思います。

〈菅沼〉

ゲーム50　ジャングルの音

今，あなたのいるところから，どんな音が聴こえますか？
　　電車の音，鳥の声，換気扇の音，車の走る音，隣に住んでいる人の話し声……。
これらの音は，わたしたちにいろいろな情報を知らせてくれます。
これを逆に考えてみると，音を想像することで，わたしたちはいろいろな場所をイメージすることができますね。ここでは，そんな音を用いたイメージゲームをしてみましょう。
　さあ，今から，熱帯ジャングルに行ってみよう！

step 1　ジャングルって知ってる？
ジャングルには，いろいろな鳥や動物がいるんだって……。
どんな声がするか耳をすませてみよう。……（聴くポーズ！）……どんな声がした？
　　キーッ，クックークックー，コッコッコッ，シュ〜，ヴォ〜，ケケケケケ……

step 2　動物の声を鳴いてみよう。
① 輪にしたロープを準備します。ところどころに結び目をつけて。そのロープを三〜五人で持ちます。これで準備OK！
② ロープを一方方向に回します。
　ロープの結び目が自分のところにきたら，鳥や動物の声を鳴きます。

step 3　複数のグループで同時にやってみよう。
目を閉じて，結び目が手に触ったら声をだすようにする。これはおもしろい。

> **アドバイス**　おそらく実際にジャングルに行ったことのある人はほとんどいないでしょうね。見たことのない動植や植物，聴いたことのない音や声がいっぱいあるはずです。いろいろな知識にとらわれずに，いろいろな音を想像して，いろいろな声や音をだしてみましょう。ただし，好きなときに声をだすというのは，なかなか勇気のいるものです。結び目がきたら，というきっかけがあると楽しくできますよ。結び目を，わざと等間隔にしないほうがおもしろいかも……。
> 　ロープの種類を変えたり，リボンなど触感の違うものにしたりして，風や雨の音グループを混ぜると，より臨場感が出ます。お部屋のなかが，ジャングルの音でいっぱいになると，土や植物のにおい，暑くて湿った空気，鮮やかな色が感じられるから不思議です。

〈菅沼〉

ゲーム51　ロープで絵を描こう

　ロープをつかって，床に絵を描いてみよう。ロープでできた線，模様，絵からいろいろな音や音楽をイメージできるでしょう。

`step 1`　ロープを上から落とす。
　偶然できたいろいろな形，模様，線を指でなぞってみよう。

`step 2`　くにゃくにゃ線，まっすぐ線，ジグザグ線を描いてみよう。
　線の感じ（ニュアンス）を声にだしながらなぞってみる。

`step 3`　線（あるいはジグザグ），三角，四角を描いてみよう。
　いろいろな拍子の歌に合わせて，その形をなぞってみよう。
　例：2拍子＝どんぐりころころ，おつかいありさん
　　　3拍子＝うみ，こいのぼり
　　　4拍子＝大きなくりの木の下で，とけいのうた

step 4　ロープを使って，好きな絵を描いてみよう。
①　ロープでお花を描き，みんなでちょうちょになってお花畑を飛び回ってみよう。
②　ロープで動物を描き，いろいろな動物になってうごいてみよう。
③　ロープで食べ物の材料を描いてみよう。切ったりいためたり，描いたものの名前のリズムをたたいたり……。
④　ほかのアイデアを考え，いろいろな音楽活動をしてみよう。

〈菅沼〉

ゲーム52 ながいのなあに？

やさしいたずねうたのあと，最後のところで，パッとロープを答えのところ（鼻やしっぽ）にしてその動物になってうごきましょう。

ながいもの なーあに？ ぞうの はな ビュ～ン

   なが～いのなぁに？ ぞうの　はな　ビロ～ン
　　　　　　　　　　 キリンの　くび　ヒュッ
　　　　　　　　　　 ねずみの　しっぽ　チュルン
　　　　　　　　　　 フラミンゴの　あし　スッ
　　　　　　　　　　 うさぎの　みみ　ピョン
　　　　　　　　　　 オラウータンの　て　ブラン

アドバイス　うたう人は動物まででやめてクイズにするとおもしろいでしょう。また，動物のほかに長いものをさがしてみるといいでしょう。

〈菅沼〉

ゲーム53　ロープでアスレチック！

　お部屋のなかを楽しいアスレチック場にしましょう。いろいろなうごきを促すことができます。うごきがわかったら，ピアノの即興や簡単な楽器（子ども自身がやってもよい）で音をつけていくとよいでしょう。

step 1　つなわたり

① （ロープを床に置いて）つなわたりをしてみましょう。
　いっぽんのロープの上を，そ〜っと，そ〜っと……。落っこちないようにね。
② 歩いているようすをみながら，楽器（トライアングルなど）で，ときどきトレモロなどで揺れる様子を表現したりしてみましょう。

step 2　タイヤとび

① 丸い形にしたロープをとんでいきます。ちょっとがんばらないと，とべないくらいの適度な間隔のほうが楽しめます。
② 跳んでいる様子に合わせて，太鼓やタンバリンなどをたたいてみよう。

step 3　ターザン

① 大人二人で２本のロープを持ちます。
　子どもはロープに通した輪を持って，端から端に向かって"ア〜アア〜"とさけびながら行ったり来たりする。
　小さな子どもなら本当にぶら下がってもいいかもしれません。でもここでは，実際にはぶ

ら下がらないで，輪をもって走るだけでも可……これがなぜかおもしろい。
② 動いている様子を見ながら，ピアノ（あるいは木琴など）でグリッサンドを弾いてみよう。

step 4　トランポリン

① 何本ものロープを交差させて，まわりの人が持つ。
　交差させたロープの中央に一人がバランスよく座り，周りの人たちはロープを上下にうごかす。
② うごいているようすを見ながら，大太鼓やティンパニーなどをたたいてみよう。

〈菅沼〉

ゲーム54　まわせまわせ　ぐるぐる　まわせ

ぐるぐるまわるものってなにがあるかな？　まわせまわせ，ぐるぐるまわせ！

step 1　一人で1本のロープを使って。

① 　カウボーイのロープ

ロープを頭の上でまわす。

片手でロープの端を持ち，もう片方の手で持った輪っかを1・2の3で投げる。

> **アドバイス**　馬に乗りながら（足でギャロップをしながら）ロープをまわします。
> 　　　　　　足と手が上手にコーディネート（調和）されていないとうまくまわりませ～んよ。

② 　せんぷうき

ロープを，せんぷうきの羽根に見たてて，自分の前でぐるぐるまわす。

強・中・弱ボタンで，回転数を変えたり，ロープの長さを半分，また半分と変えて自然に速さが変わるのを観察するのもおもしろい。

step 2　一人で2本のロープを使って。

① 　一人で2本のロープをもって，くるまの車輪を作ってみよう（両脇でまわす）。

② 　前回しで前進，後ろ回しで後退をしてみよう。

step 3　二人で1本のロープを使って。

① 　向かい合って，なわとびの大縄まわしをするようにロープをまわしてみよう。これは，二人の息が合わないとうまくまわらないよ。

② 　ロープの長さを変えないで，二人の距離を変えてみよう。

二人の距離を変えずにロープの長さを変えてみよう。

そのスピードやエネルギーの変化を楽しみましょう。

〈菅沼〉

ゲーム55　パン屋さんにお買い物

　名前やことばにはリズムがあります。それを使って，リズムの抑揚やリズムパターンの違いに気づいてみよう。

step 1　パン屋さんに行くと，おいしそうなパンがたくさん並んでいますね。
今日はどんなパンを買おうかな？
好きなパンを，トングではさんで，トレーにのせていきましょう。

　　　はさんで，のせて，はさんで，のせて……

（2拍子にのって，「はさんで，のせて」と言いながら，パンをはさんでのせる動作をします）

step 2　"パンやさんにおかいもの"の歌をうたいましょう。

「パンやさんにおかいもの」
佐倉智子作詞
おざわたつゆき作曲

パンパンパンやさんに　おかいもの　サンドイッチに　メロンパン　ね
ハイハイたくさん　まいどあり
じりドーナツ　パンのみみ　チョコパンふた一つ　ください な
　　　　　　　　　　　　　　　　　　　　　　　　はい どうぞ

① うたう
② どんなパンがでてきたかな？

　　サンドイッチ，メロンパン，ねじりドーナツ，パンのミミ，チョコパン，……。

③ 身体でパンのかたちをつくってみよう。どんなかたち？

　　さんかく，まる，ねじれている，穴が開いている…など

step 3　いろいろなパンのリズムを手でたたいてみましょう。

　　サンドイッチ，メロンパン，ねじりドーナツ，パンのミミ，チョコパン，……。

step 4　パンのリズムでからだをうごかしてみましょう。

サンドイッチ：　♪.♪♪₃♩♪　のリズムでスキップ・ギャロップ
　　　　　　　　サン ド イッ チ

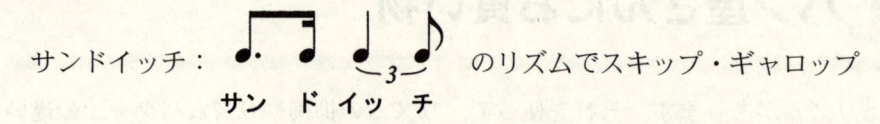

チョコパン：　♪.♪♪　のリズムでケンケン・パ！
　　　　　　　チョ コ パン

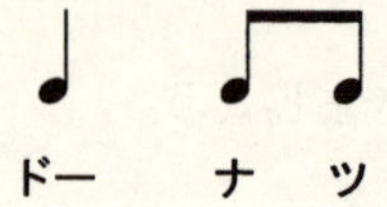

ドーナツ：　♩♪♪　のリズムを二人で手合わせ……など
　　　　　　ドー ナ ツ

そのほか，どんなうごきができるか考えてみましょう。

step 5　パン屋さんごっこをしてみよう。

① お客さん役とパン屋さん役を決めてあそびましょう。
　（お 客 さ ん）　歌をうたいながら，スキップしてお店に行きます。
　　　　　　　　　お店やさんに，買いたいパンを2回言いながらリズムをたたく。そのあと，「くださいな」と言う。
　（お店やさん）　言われたパンを2回くりかえし，その後，「はい，ど〜ぞ」。
　（お 客 さ ん）　「チョコパン・チョコパン・くださいな。」

　チョ　コ　パン　｜　チョ　コ　パン　｜　く　だ　さ　い　な

　（お店やさん）：「チョコパン・チョコパン・はい・ど〜ぞ。」

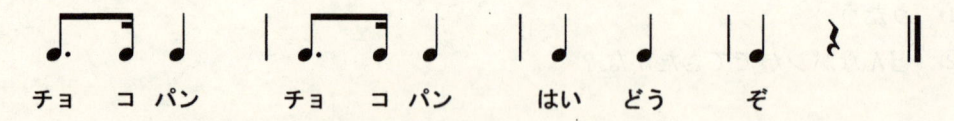

　チョ　コ　パン　｜　チョ　コ　パン　｜　はい　どう　ぞ

② 慣れてきたら，お客さんは，パンの名前を言わないで，手でリズムだけをたたき，お店やさんが何パンか当てる，などとしてもいいでしょう。

〈菅沼〉

ゲーム56　チロチロリン！

　虫や動物の鳴き声もいろいろな高さやリズムの特徴がありますね。これらをリズム・パターンのあそびにしてみましょう。

step 1　お返事してみよう。

① お名前を呼びますので，お返事してね。
　　○△ちゃん，は〜い……。
② それでは，動物や虫はなんてお返事するかな？
　　ぶたさん，ぶ〜ぶ〜
　　にわとりさん，コケコッコ〜　……

step 2　"こおろぎ"の歌をうたいましょう。

① うたう。
② こおろぎはなんて鳴いていたかな？
　　チロチロリン，コロコロリン
③ 手や，楽器を鳴らしながら鳴いてみましょう。
　　（チロチロチーム，コロコロチームの2グループに分かれてもよい）

step 3　鳴き声をかえてみよう。

① "こおろぎ"のところを，ほかの虫や動物に代えてみましょう。
　　鳴き声のところがいろいろなリズムに変わりますね。
② "こおろぎ"のところを，からだの部位の名称にかえてみましょう。
　　鳴き声のところでいわれた場所でうごいたり，いろいろなリズムでたたいてボディーパーカッションしたりできます。

「こおろぎ」（関根栄一／作詞，芥川也寸志／作曲）

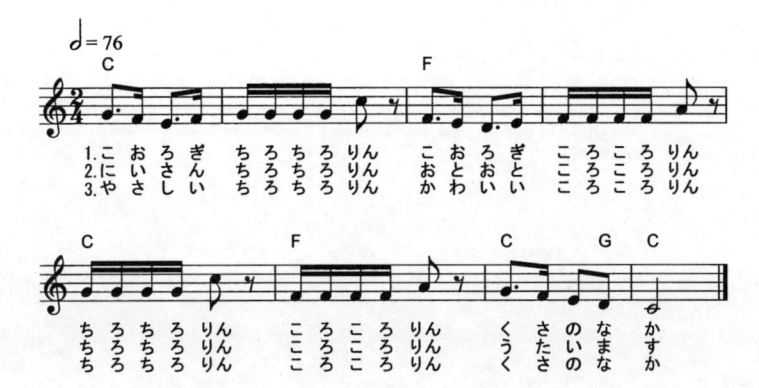

〈菅沼〉

ゲーム57　ボールでなかよし

　ボールとボールをくっつけて，いろんなかたちをつくってみよう。先生やおともだちと気持ちもピッタリくっつけて——。

step 1　一人ずつボールを持ちましょう。いろんなところにボールをくっつけてみよう。

床・ドア・ピアノ・あたま・ひざ・おしり……

step 2　二人でボールとボールをくっつけてみよう。

なんのかたちになったかな？　　ゆきだるま？　めがね？

三人でくっつけて……ミッキー？　おだんご？　いもむし？
四人でくっつけて……でんしゃ？　マンション？

step 3　くっつけてできたものになって，くっつけたままうごいてみよう。
たとえば，
　　二人でゆきだるま。「スノーマン」の曲などに合わせてゆっくり空をとんでみよう。
　　三人でミッキーマウス。「ミッキーマウスマーチ」にのって元気に行進！
　　四人で電車。車両がはなれないように上手に走ろう。

> **アドバイス**　音楽を聴いて，何人で何をつくってうごいたらよいか，聞き分けられるようになると素敵ですね。

〈菅沼〉

第6章

対話をたのしもう―即興演奏―

♪♪♪♪♪♪♪♪♪♪♪♪♪♪

　音楽は"すでに楽譜や音符に書かれたもの"という先入観を持っている人は，案外と多いようです。"楽譜がないから演奏できない"というのは，そのあらわれではないでしょうか。

　一方で，古くからうたい継がれてきた伝承うたやあそびうたをうたっているときや，ジャズを演奏している人たちは，あまり楽譜を見ていないようです。その場の雰囲気のなかで，つくり変えながら演じています。そのようすは，見ていても聴いていても，とてもスリリングで，わたしたちの心をつかんではなさない魅力をもっています。

　そんな音楽に，わたしは惹かれています。

　即興的な音楽は，まさに日常会話やキャッチボールなどにたとえることができます。おしゃべりは，その場の雰囲気と話し手同士のやりとりで進んでいきますね。その話しのゆくえは，刻々と変化し，終着点は事前にはわかっていません。すべてその場にいる人たちの瞬間的な判断にゆだねられているのです。

　ここでは，そんな即興的なやりとりで，音楽を操ってみること（即興演奏）にチャレンジしてみましょう。

〈神原・小見〉

ゲーム58　高い音，低い音

　このゲームは，ビートの揺れを伴いながら，ピッチの変化を聴き取ったり，音楽を創ったりするセンスを刺激します。

step 1　ボールを1個持ちます。音楽を聴きながらボールを操ってみよう。

① 音楽に合わせて，ボールを両手で軽く持って左右に振りましょう（ノリノリの感じで。ボールを両手で持ち替えてもよい）。

② 途中で低い音が聴こえたら，床にボールをつきましょう。すぐに（ボールを）左右に振りますよ。

　途中で高い音が聴こえたら，ボールを上に投げ上げます。

　音楽を聴いて，ボールをついたり，投げ上げたりしましょう。

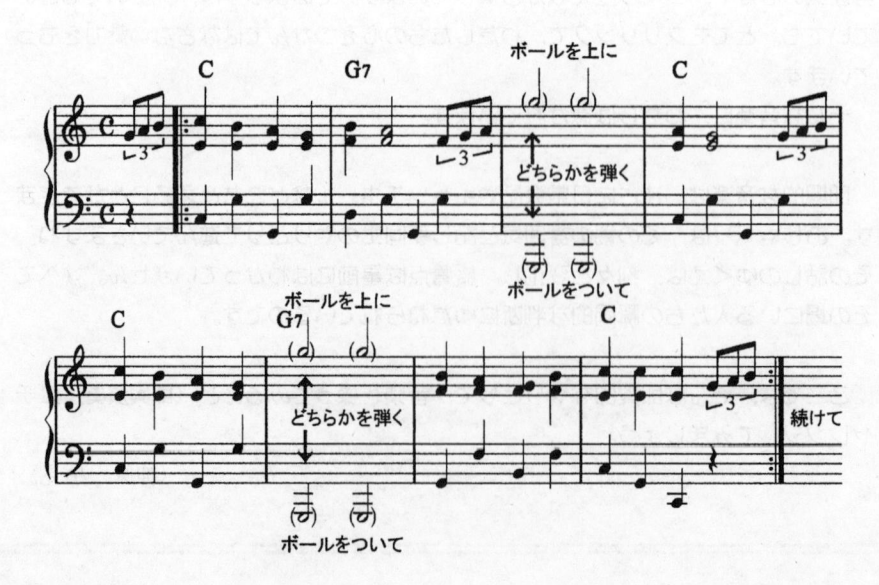

| step 2 | うごきを見ながら演奏してみよう。

子どもは3グループに分かれ楽器を持つ（カスタネット，タンバリン，トライアングル）。
カスタネットのグループは，先生がボールを持って振っているときにたたきましょう。
タンバリンのグループは，先生がボールを床についたときにたたきます。
トライアングルのグループは，ボールが投げ上げられたときにたたきます。

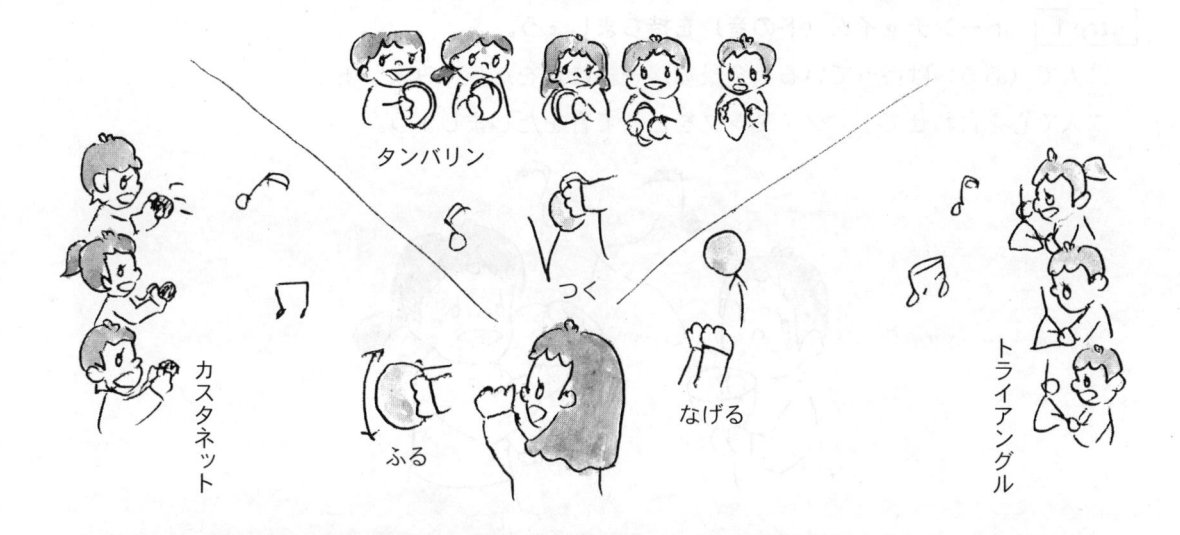

> **アドバイス**　このゲームは，音高（ピッチ）の違いを識別するあそびです。音楽の流れにのって，ルンルン気分でやりましょう。
> 　先生は，うごき（ボールの操作）の空間に変化をつけてみましょう。大きくうごかしたり，小さくうごかしたりしてみましょう。それによって子どもたちの演奏が変化するでしょう。

〈神原〉

ゲーム59　ドの即興

トーンチャイム（ドの音）をつかって即興しましょう。

step 1　トーンチャイム（ドの音）を持ちましょう。

二人で（あるいは持っている人全員で）一緒に音をだしてみましょう。

二人で心を合わせて！　タイミングをとって音をだしましょう。

> **アドバイス**　強さにも気をつけて（時に強く，時に弱く）。音をだす間合いにも気をつけてくださいね。一緒に息を吸って（音を）鳴らしてみましょう。

step 2　では，先生（あるいは子ども同士）と交互にドの音を出してみましょう。

（音を出す間隔は規則的でも不規則でも構いません）

第6章 対話をたのしもう―即興演奏― 129

> **アドバイス**　うまく演奏できたかどうかよりも，二人で（あるいはみんなで）心をひとつにして（呼吸をそろえて）演奏に参加しようとしたか，が大切なことです。

〈神原／ぶん，小見／music〉

ゲーム60　ド　ド　ド　ー

高いドと低いドによる即興演奏をしてみよう。

step 1　ターのリズムで膝をたたいています。ピアノの低いドの音が聴こえたら，床を一つだけたたきます。

step 2　次は高いドの音が聴こえたら，頭の上でポンと手を（一つだけ）たたきます。

step 3　では，続けてやってみましょう。高い音と低い音を聞きわけてください。
音楽に合わせて膝をたたく。途中，低いドのときは床を，高いドのときは頭の上で手をたたく。

アドバイス　子どもと，音の駆け引きを楽しみましょう。

〈神原〉

ゲーム61　ピ　ッ　チ

　このゲームは，音高（ピッチ）の違いを識別したり，音の方向をイメージしたりするセンスを刺激します。

step 1　各自，カードを1枚準備します。カードが見えるように持ってください。

　音を聴いて，その音（ピッチ）をうたいましょう。同時に，カードを上げたり下げたりしましょう。

（聴く）　（うたう）　　　　（聴く）　　（うたう）
　　　カードを下の方でゆらす　　　　カードを中位のところでゆらして

（聴く）　（うたう）
　　　　カードを上下

step 2　音楽に合わせて歩きましょう。音楽が止まったらすぐに止まって，旋律を聴きましょう。

|音楽に合わせて歩く|ド　ド　ド　ー|ド　ド　ド　ー|再び歩く音楽|〜
　　　　　　　　　　（聴く）　　　　　（歌う＋カードを揺らす）

> **アドバイス**　先生はダイナミックス（強弱）にも配慮しながら演奏しましょう。強い音の演奏は開放的な気分になります。その一方で，弱い音のときに，子どもの心は焦点化され，集中力を高め，音を"聴く力"をそだてます。

〈神原〉

ゲーム62　ド と ソ

ドとソをつかって，演奏してみよう。二人で心を重ねてみよう。

step 1　音楽に合わせて歩きましょう。ドの音が聴こえたら膝をたたきましょう。

（ひざを叩く）

step 2　音楽に合わせて歩きましょう。ソの音が聴こえたら肩をたたきましょう。

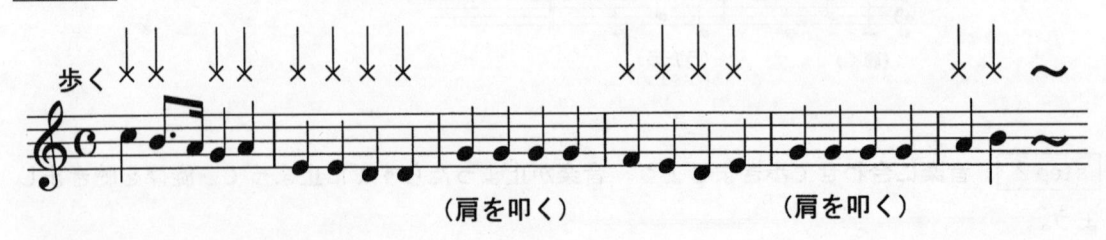

（肩を叩く）　　　　（肩を叩く）

step 3　フープを床に置きます。

ソの音が聴こえたときはフープの外側をたたきましょう（ステップしましょう）。

ドの音が聴こえたときはフープの内側をステップしましょう。

（聴く）　外外内　（聴く）　外外内外内
　　　　（フープ）　　　　　（フープ）

ソ　　　　　　　　　　　　ド

第6章　対話をたのしもう―即興演奏―　133

step 4　ピアノを弾いてみましょう。

ドとソを使って即興で弾いてみましょう（子どもはドとソ，先生が伴奏を弾く）。

> **アドバイス**　はじめて鍵盤や木琴に触れる子どもには，"ココ（ド）とココ（ソ）"と伝えてあげましょう。小さな印をつけておいてあげても可。あるいは，鍵盤に被いをかぶせてド～ソだけ見えるようにしてあげるのもよし。

〈神原／ぶん，小見／music〉

ゲーム63 ソ ファ ミ

3つの音（ソファミ）を使って演奏してみよう。あなたはピアニスト！

step 1 二人（複数人）で向かい合って手をつなぎます。音楽に合わせてゆれましょう。

第6章 対話をたのしもう―即興演奏― 135

step 2 先生と一緒にピアノを弾いてみましょう。

（ソファミー（あるいはミファソ）の旋律を何度も繰り返して弾いてみる）

子ども

先生

> **アドバイス** 三つの隣り合った音のことを3音列と呼びます。リズムをいろいろに変化させながら即興演奏してみましょう。二人で交互に、3音ずつ演奏するのもおもしろい。

〈神原／ぶん，小見／music〉

ゲーム64　音の階段

ピアノ（あるいは木琴）の演奏に挑戦してみよう。音の階段を登ったり，下ったりしているような感じで……。

step 1　ピアノの旋律を聴いて"ラララ……"でうたいましょう。

① もっとも高い音のときに，手をたたこう。

手を叩く

（聴く）　（うたう）　（聴く）　（うたう）　（聴く）　（うたう）
　　ラ ラ ラ　　　　　　ラ ラ ラ　　　　　　ラ ラ ラ ラ ラ

② もっとも低い音のときに，足を鳴らそう。

③ 高い音のときは手を，低い音のときは足を鳴らそう。

step 2　旋律を聴いたら，逆からうたってみよう。

| ドレミ | ミレド |　　| ソファミ | ミファソ |　　| シラソ | ソラシ |
（聴く）　（うたう）　　（聴く）　（うたう）　　（聴く）　（うたう）

step 1 と同じように，高い音で手を，低い音で足を鳴らしてみよう。

第6章　対話をたのしもう―即興演奏―　137

step 3　二人でピアノ（木琴でもよい）の前に座ります。

一人（A君）がどこかの音を弾きます。もう一人（B君）は，その隣の音から二つの鍵盤を弾きます。たとえば，次のように。

|ミ　ファ　ソ|　　　|ミ　レ　ド|
　A君　　B君　　　　　A君　　B君

step 4　先生は簡単な伴奏をつけてあげましょう。

伴奏のサンプル

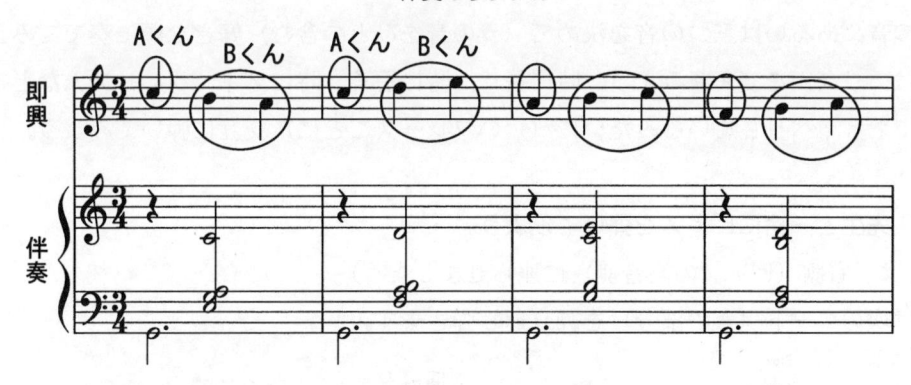

アドバイス　先生は，伴奏を弾くときに一本調子にならないように気をつけて。表情をつけて弾きましょう。流れるような感じ，呼吸をしているような感じ，スウィングしているような感じ，駆け足や，ジャンプしているような感じ。

〈神原〉

ゲーム65　かなしい旋律

自由に即興演奏をしてみましょう。
二人で息を合わせて一緒に始め，息を合わせて一緒に終わろう。

step 1　白い鍵盤だけをつかって即興でピアノを弾いてみましょう。
（白い鍵盤のどれを弾いてもかまいません）
① "ラ"の音から順に，白い鍵盤だけを弾いてみよう。
② 二つの音，あるいは三つの音を決めて（ラの音をひとつ含む）好きな順に奏でてみよう。
③ 今度は，リズムを変えてみよう。時に長く，時に短く，時にスキップのリズムなどで。
④ 二人でおしゃべりしているみたいに（短いフレーズごとに）交互に弾いてみよう。

step 2　先生と一緒にピアノを弾いてみよう。
（子どもは，右側（ピアノの高音側）に座らせましょう）
① 先生は次のコード（Aの部分）を繰り返し弾きます。

② 子どもは，（step 1 で弾いたように）好きに奏でましょう。
（子どもの演奏に合わせて）先生はAの部分を添えて弾きます。
③ しばらく一緒に弾いたら，二人で気持ち（呼吸）を合わせて終わらせてみよう。そのとき先生は，Bの部分を弾くと"ここで終わりだよ"という感じがうまく伝わります。

即興のサンプル

ゲーム66　かえるの合唱

このゲームはカノンのセンスを刺激します。ビート感，拍子感，リズムパターンなど，これまでに体験した感覚を総動員して，うごきの重なりを楽しみましょう。

step 1　「かえるの合唱」（岡本敏明／作詞，ドイツ民謡）をうたいましょう。

みんなで一緒に動作をつけてうたいましょう。

① ｜かえるの　うたがー　　　｜（両手で蛙の口を作る）
② ｜きこえて　くるよー　　　｜（耳に手を当てて蛙の声を聴くポーズ）
③ ｜グァ　グァ　グァ　グァ｜（両手でパクパクするうごき）
④ ｜ケケケケケケケケ　グァ　グァ　グァ｜（両手を上に上げて蛙が踊っているうごき）

step 2　四人のグループ（あるいは四つの集団）を作りましょう。

順番を決めましょう。

最初に１番目の人がスタートします。

次のグループは，後からスタートします。

> **アドバイス**　身振りのカノンは，輪唱にも応用することができますね。みんなの知っている輪唱をつかって，身振りのカノンをしてみましょう。
>
> 　歌詞や動作が曖昧のままで輪唱をすると，混乱してしまいますから，最初のうちはしっかりと斉唱（ユニゾン）でうたうようにしましょう。

〈神原〉

第7章

歌&楽器 de ゲーム

♪♪♪♪♪♪♪♪♪♪♪♪♪♪

　これまで体験してきたリズムは，いずれもあなたの身のまわりにあるものばかりでしたね。

　からだのなかのリズム，うごきのリズム，動物や自然のうごきのなかにあるリズム，生活のなかにあるリズム，イメージしたときのリズム，ことばのリズム……。

　いずれも音楽の芽になり，音楽の原体験といえるものです。
　ここでは，これらの体験を，楽器にもちかえて，即興で遊んでみましょう。

　"もしもピアノが弾けたなら……"みなさんはどんな旋律を弾いてみたいですか？
　楽器は弾きたいけど，なかなかうまく弾けなくて……と思っている人は少なくないようです。
　ここではそんな心配は無用！

　音楽は"おしゃべり"なのですから。楽器や歌をつかって"音楽おしゃべり"をしてみましょう。

〈有谿〉

ゲーム67　も　ち　つ　き

季節のうたを用いた遊びを通して，拍子感やテンポ感をはぐくみます。

step 1 　打楽器をつかって「もちつき」のようすをまねてみよう。
① 楽器を準備。バス・タムとスティック（ティンパニで用いる柔らかなもの）。
② スティックを"きね"に，バスタムを"うす"にみたてます。
　一人がきねで餅をつく係に，もう一人はうすに手を入れて混ぜる係になります。
　1拍めは，きねの係の人がスティックでバスタムを打ちます。
　2拍めは，もちをこねるように，バスタムのヘッド面を円を描くようになでます。
　以後は，交互に，"打つ―こねる"を繰り返します。
　ほかのみんなは「ヨイショッ」とかけ声をかけましょう。

step 2 　リズミカルに餅がつけるようになったら（2拍子の感じが出てきたら），それを見計らって，みんなで「もちつき」を歌いましょう。

第7章 歌&楽器 de ゲーム 143

「もちつき」（有谿英彰／作）

ペッ　タン　ペッ　タン　ペッ　タン　コ

もう　すぐ　たのしい　お　しょ　が　つ

ペッ　タン　ペッ　タン　ペッ　タン　コ

きょう　は　もちつき　ペッ　タン　コ

> **アドバイス**　子どものうごきを見てピアノ伴奏をしましょう。時にゆっくりしたり，速くしたり（accel.）しましょう。

〈有谿〉

ゲーム68　まめまき

季節の歌を用いて，基礎リズムに親しみ，それを用いて即興演奏を楽しみます。

step 1　「まめまき」をみんなでうたってみましょう。

「まめまき」（えほん唱歌）

（楽譜）
1段目：おにはそと　ふくはうち
2段目：ぱらっ　ぱらっ　ぱらっ　ぱらっ　まめのおと
3段目：おには　こっそり　にげてゆく／はやく　おはいり　ふくのかみ

step 2　基礎リズムを歩いてみよう。

① ター（4分音符）を歩きながら，あるいは「まめまき」をうたおう。
② 走りながら（8分音符）うたってみよう。
③ ゆっくり歩きながら（2分音符），うたってみよう。

step 3　打楽器を写真のようにセットします。

みんなで「まめまき」をうたいましょう。その歌に合わせて，一人が楽器を打ちます。
　1段目の4小節は，ウッドブロックで8分音符を，
　2段目の4小節は，ハイハットで4分音符を，
　3段目の4小節は，バスタムで2分音符を打ちます。

step 4　歌に続いて，次の伴奏例にのって（打楽器をつかって自由に）鬼の逃げる様子を即興表現してみよう。

即興時伴奏

〈有谿〉

ゲーム69　うれしいひなまつり

季節の歌を用いて即興演奏しよう。キーボードで、琴の雰囲気を味わい楽しみます。

step 1　みんなで「うれしいひなまつり」をうたいましょう。

step 2　琴を弾いてみたい人はいませんか？　こんな感じです。
① キーボードはＧＭ音108 koto を選択するとよい。
② キーボードで用いる音はレミファです。

「(最後の拍で) すずをこんなふうに鳴らします」

step 3　「では、琴とすずを鳴らしながら、歌をうたいましょう。先生がハイといったらうたい始めましょう。」先生はピアノ（オスティナート４小節を前奏）を弾き始め、うたいます。

オスティナート例

step 4　歌が終わったら、琴で自由に演奏してみましょう。
ピアノの伴奏（オスティナート）に合わせて、琴の即興サンプルを示す。

琴を弾きたい人いませんか？（子どもに即興のチャレンジをさせる）

step 5　「うれしいひなまつり」をうたってみよう。
① オスティナート4小節の前奏。
② オスティナートにのって「うれしいひなまつり」をうたう。
③ 歌が終わったらオスティナートにのって，琴の音色で即興をします。

「うれしいひなまつり」（サトーハチロー／作詞，河村光陽／作曲）

あかりを つけましょ ぼんぼりに

おはなを あげましょ もものはな

ごにんばやしの ふえたいこ

きょうは うれしい ひなまつり

〈有谿〉

ゲーム70　おきなわのうみ

楽しい海の風景を想像しながら，音楽あそびをしてみよう。
4分音符や付点2分音符で波を表現してみましょう。

step 1　ペンタトニックでできたオスティナートの伴奏で「うみ」をうたってみよう。
うたい終わっても，そのまま伴奏を続け，その響きに聴き入ってみよう。

step 2　みなさんは，沖縄の海に行ったことはありますか？
海に行ったときに，どんな音を聴きましたか？
　　カニの歩く音，砂浜をかける足音，大波小波，雷雨，風の音，海鳥の鳴く音，サトウキビの葉っぱがこすれる音，夜こっそりシーサーがうごき出す音？
では，その音をつかって，お話を作ってみましょう。

step 3　ストーリーをうごいてみましょう。そのうごきを打楽器で演奏してみよう。
　　例：カニの音＝ウッドブロック，
　　　　砂浜を歩く音＝カバサ，
　　　　大波小波＝サスペンダーシンバル，など

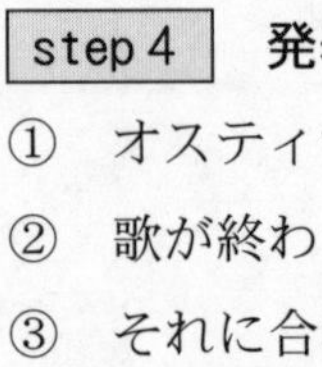

| ウッド・ブロック | 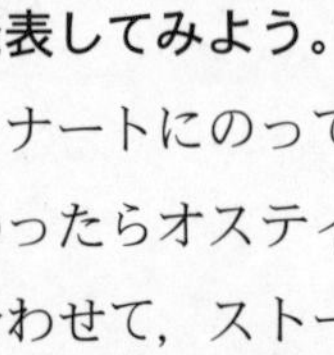 カバサ | 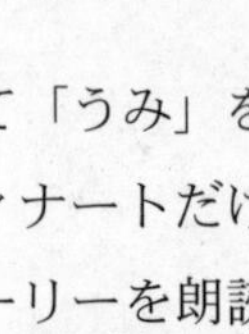 サスペンダー・シンバル | 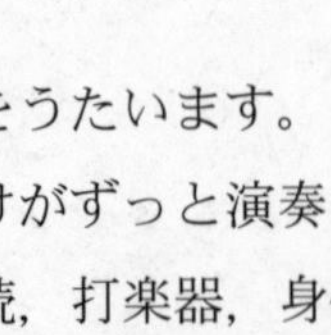 ウッド・チャイム | 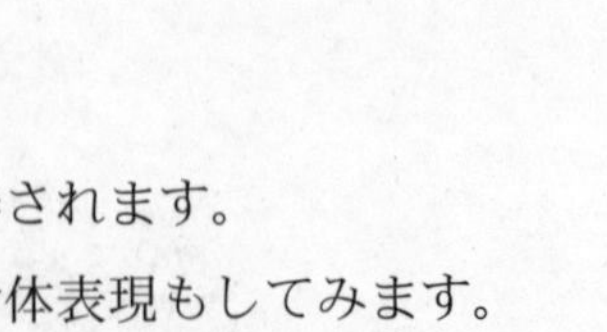 クイーカ　おもしろい奏法 ふしぎな音 | 海鳥の鳴き声のするおもちゃ |

step 4　発表してみよう。
① オスティナートにのって「うみ」をうたいます。
② 歌が終わったらオスティナートだけがずっと演奏されます。
③ それに合わせて，ストーリーを朗読，打楽器，身体表現もしてみます。
④ ストーリーが終わると，再び全員で「うみ」をうたいます。

> **アドバイス**　わたしたちは普段この「うみ」を長音階でうたいますが，これを「四七抜き音階」や「沖縄音階」による伴奏でうたってみると，ひと味違った雰囲気が味わえます。このような5音音階（ペンタトニック）はとても自然な音楽です。いろいろなイメージがふくらんできます。歌をうたったあと，オスティナート・リズムだけ聴いてみると，海の様子が浮かんできませんか。

第7章　歌&楽器 de ゲーム　149

「うみ」（林柳波／作詞，井上武士／作曲）

「おきなわのうみ」（有銘英彰／変曲）

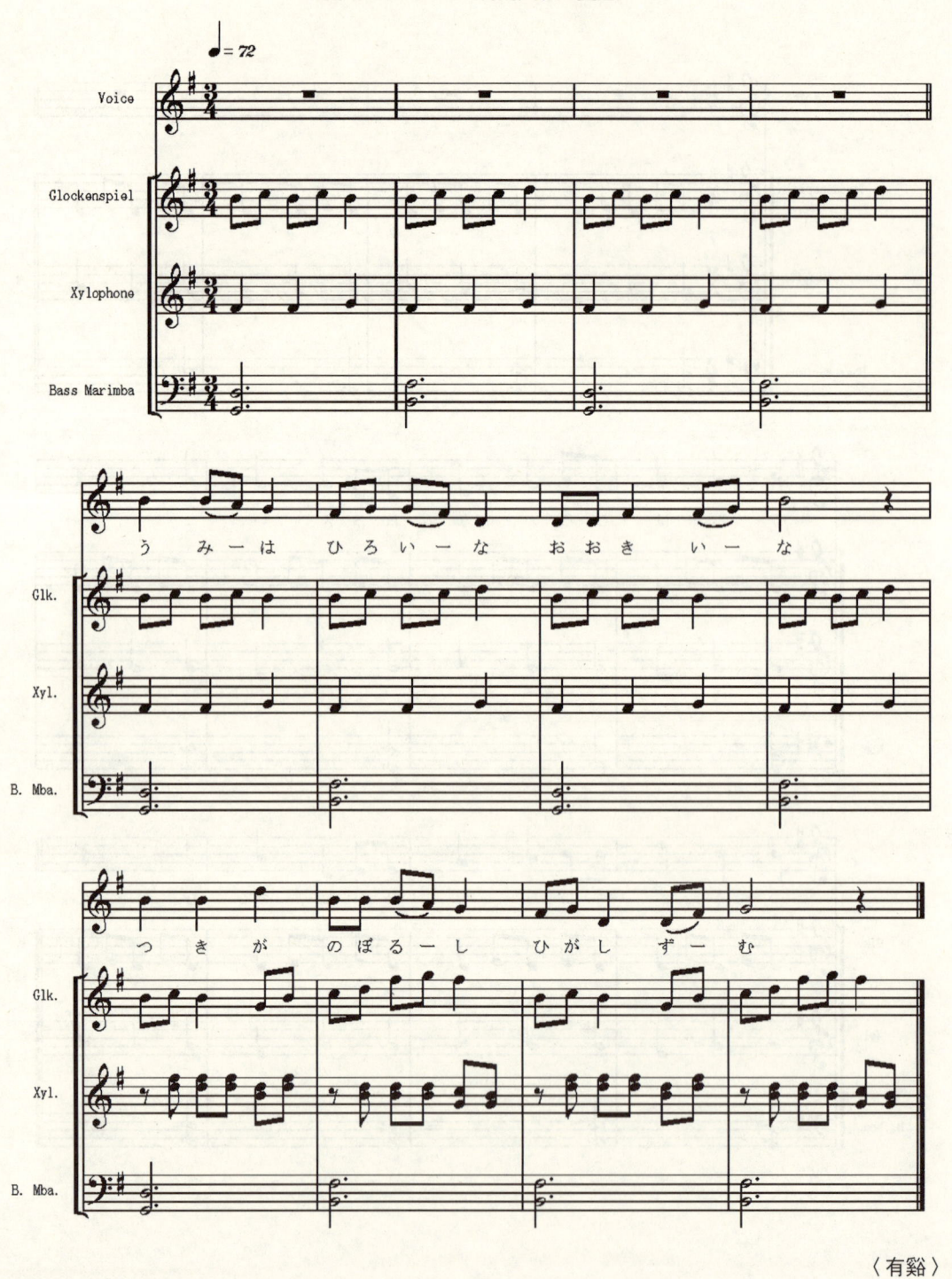

〈有銘〉

第7章 歌&楽器 de ゲーム　151

ゲーム71　びょういんのうた

病院にはいろいろな人がいますね。そのようすをイメージしながら音楽で表現してみよう。

step 1　①「こんな音を聴いたことはないですか？」

（可能ならば，ＭＩＤＩキーボードＧＭ音74Fluteを選択。左手でファ，右手でシを弾く）

「そう，これは救急車の音ですね（実際はソとシですね）」

（ここで救急車のお仕事について説明します）

「みんな夜中に急にとてもおなかが痛くなったり，ひどい怪我をしたりしたらどうしますか？」（子どもの意見を聴く：「救急車をよぶ～」などなど）

「救急車があると安心だね」

②「救急車の音を弾いてみよう。だれか弾いてみたい人はいませんか？」

step 2　たずねてみよう。

「救急車にはだれが乗ってるかな？」

（病院の人，警察の人，消防署の人）

「病院へは，消防署の人が（救急車で）担架にのせて運んでくれるんだね」

「では，その様子を太鼓で表してみるよ」（タムタムでその様子を即興してみる）

「だれかたたいてみたい人はいませんか？」（即興にチャレンジさせてみよう）

step 3　「救急車は病院についたら，看護士さんが駆けつけるよ」

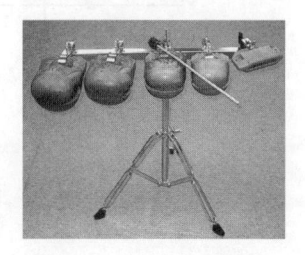

「じゃあ，その様子を木魚で表してみるよ」

（複数の木魚を用いて，その様子を即興で表してみる）

「だれかたたいてみたい人？」何人かにたたかせてみる。

152

> step 4 　「びょういんのうた」をみんなでうたいながら。
> 一人が救急車の音　一人が担架の即興　一人が看護士の即興をします。（下の楽譜参照）

「びょういんのうた」（有谿英彰，作詞／作曲）

救急車の音をMIDIで

きゅうきゅうしゃ　が　はしる

＋担架で運ばれる様子の即興を重ねる

たんか　で　はこばれる

＋看護師さんが駆けつける様子の即興を重ねる
＋担架で運ばれる様子の即興を重ねる

かんごふさん　も　かけつける

〈有谿〉

ゲーム72　麺好きな面々（十杯食べちゃった）

ことばのリズムを通して，いろいろなリズムパターンであそんでみよう。

step 1　次の3種類の市販のカップ麺を用意する。ラーメン，うどん，やきそば。一種類ずつカップ麺を示して何のカップ麺か質問します。

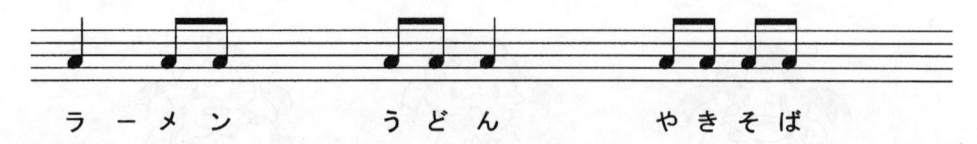

ラー　メン　　　　う　どん　　　　や　き　そ　ば

ビートに乗って，質問，言葉の応答をします。

こども：こたえ
らー　めん　　　　う　どん　　　　や　き　そば

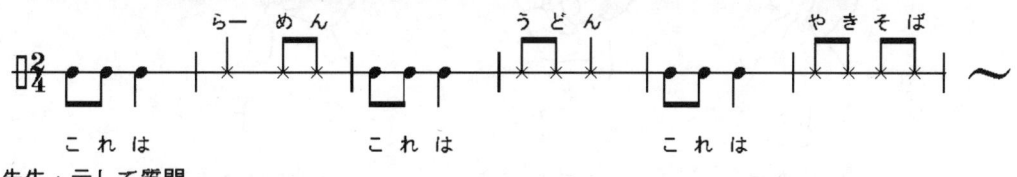

これ　は　　　これ　は　　　これ　は

先生：示して質問

step 2　「十人のインディアン」の替え歌で，「十杯食べちゃった」をうたいます。
　ターティティをステップします。"ラーメン"のところは，止まってリズムパターンをたたきます。

「十杯たべちゃった」（アメリカ／曲，有谿英彰／作詞）

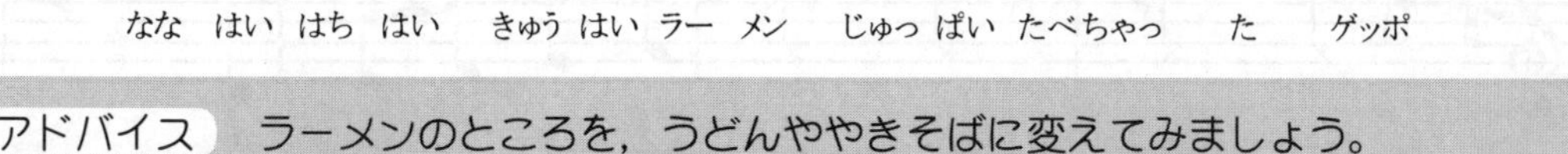

いっ ぱい に はい さん ばい ラーメン　よん はい ご はい ろく はい ラーメン

なな はい はち はい きゅう はい ラー メン　じゅっ ぱい たべちゃっ た　ゲッポ

アドバイス　ラーメンのところを，うどんややきそばに変えてみましょう。

〈有谿〉

ゲーム73　あきのおそら

ことばのリズムを通して、シンコペーションのリズムに親しもう。

step 1　二人で向かい合う。

① 「ヒコーキ」と言いながら、（ほっぺと手合わせで）シンコペーションのリズムをうごいてみよう。

ヒ	コー	キ
人差し指で 自分のほっぺ	両手で 手を合わせます	人差し指で 自分のほっぺ

② 二人で手をつないで「ヒコーキ」と言いながらステップしましょう。

step 2　① 動きをつけて「あきのおそら」をうたいましょう。

「あきのあおぞら」（有谿英彰／作詞・作曲）

あ　き　の　おそらを　みあげれば

ヒ　コー　キ　ヒ　コー　キ　とんでいる

「あきの」（胸に両手を合わせます）　「おそらを」（お空をさします）

「みあげれば」（見上げます）　「ヒコーキヒコーキ」二人組で　ホッペと手合わせ

「とんでいる」飛行機が飛んでる格好をする（or ステップをする）

② 「ヒコーキヒコーキ」のところを楽器でたたいてみよう。

〈有谿〉

ゲーム74 まりつき

日本古来から伝わる「まりつき」に親しみましょう。楽しい雰囲気でしてみましょう。

step 1　「突然ですが，きょう，みなさんには山寺で修行をしてもらいます」

　修行僧は，木魚でター（四分音符）をたたき続けます。

　ピアノの前奏が始まります。みんなは「山寺の和尚さん」をうたいましょう。

「まりつき」（わらべうた）

step 2　取り囲んだみんなは「まりつき」を練習してみましょう。

　1拍目：両手につかんだボールを下に落とします。

　2拍目：跳ね上がったボールを両手でつかみます。

　修行僧は木魚でターをたたき始めます。そのテンポに合わせて，先生はピアノの前奏を始めます。みんなは「山寺の和尚さん」をうたいながら「まりつき」をしましょう。

〈有谿〉

ゲーム75　おしょうがつ

　オスティナートの旋律で即興演奏してみよう。「わらべうた」を，幼児が合奏やビート打ちをしながら，その味わいをそのままにうたったり即興演奏をしてみます。オルフ楽器と日本に伝わる民芸楽器銭太鼓をつかってみましょう。

step 1　銭太鼓を作ってみましょう。

　銭太鼓には2種類あるようです。一つは，小さな太鼓の縁に硬貨取りをつけ，タンバリンのようにしたもの。もう一つは，筒のなかに硬貨を入れて筒を振ったりたたいたりするものです。ここでは，後者の銭太鼓を，一人で2個つくりましょう。

step 2　両手で筒状の銭太鼓をもち，座りましょう。

　1拍目は床に銭太鼓をつきます。2拍目は頭上で交差してたたく。

step 3　銭太鼓を（step 2の要領で）打ちながら，「おしょうがつ」をうたいましょう。

step 4　オルフ楽器で合奏してみましょう。

　それぞれの楽器の音盤を整えます。

　　　　グロッケン＝ソ，ラ，ド　　　メタロフォーン＝ファ，ソ，ラ
　　　　シロフォーン＝レ，ファ，ソ　バス・シロフォーン＝ド，レ，ファ

グロッケンシュピール

木琴 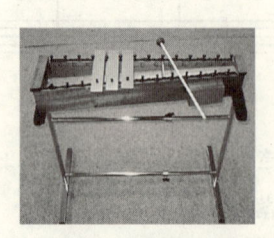　　　　　　メタロフォーン 　　　　バス・木琴

| step 5 | 4小節の前奏の後に続いて。

（1回め）　全員で歌う。楽器の係の人はオスティナートで参加します。

（2回め）　8小節間はグロッケンシュピールが即興し，その次の8小節はメタロフォーンが即興します（この即興の間，バス・シロフォンと銭太鼓のみが演奏します）。

（3回め）　全員で歌う（全員がオスティナートで参加します）。

（4回め）　8小節をシロフォンが即興し，次の8小節はバス・シロフォンが即興する（最初の8小節はバス・シロフォンと銭太鼓のみ演奏し，次の8小節は銭太鼓のみが演奏します）。

（5回め）　全員でうたう（全員がオスティナートで参加します）。

| アドバイス |　オルフのアイデアを応用したものです。鍵盤即興の導入にオスティナートはいかがでしょうか？

「おしょうがつ」（わらべうた）

こっ ぱ の よう な もち くっ て

あ ぶ ら の よう な さけ のん で

お しょう がつ は いい もん だ

〈有谿〉

ゲーム76 「たのしい○○のうた」

みんなで歌をうたいましょう。

step 1 先生が"ぼくたち"とうたったらティティターと手をたたきましょう。

step 2 "こころうきうき"とうたったら，腕を振りながら「うきうき」とうたってください。"あたましゃきしゃき"とうたったら，あたまをなでるしぐさで「しゃきしゃき」と，"こころどきどき"と歌ったら，胸のまでハートをつくって「どきどき」と言ってください。"こころはおどる"のところは，両腕を頭上でキラキラさせます。

「たのしい○○のうた」（かんばらまさゆき／作）

みんなで たのしく あそびましょ
C Am F6 G7 C C7
Fine
ウキ ウキ ウキ ウキ
こころ うきうき からだ うきうき
F C Dm7 CM7 C7
シャキシャキ
あたま しゃきしゃき こころはおどる
F C Dm7 G7
D.S.

step３　手拍子のところを，いろいろな打楽器（カスタネット，タンバリン，ウッドブロックなど）でたたいてみよう。

アドバイス　手拍子やしぐさをしながら，楽しくうたいましょう。歌詞の「たのしい○○○○○」のところは，「たのしいようちえん」「たのしいほいくえん」「たのしい運動会」「楽しい発表会」……などにかえてうたってください。

〈神原〉

第7章 歌&楽器 de ゲーム　161

ゲーム77　一匹の野ねずみ

みんなで一緒にうたいましょう。

step 1　うたいましょう。

一匹の野ねずみ

作者不詳

（楽譜）

いっぴきの　のねずみが　あなぐらに　おっこちて　チュ
にひきの
さんびきの
よんひきの
ごひきの

チュ チュチュ チュ チュ チュ チュチュ チュ チュ チュチュ チュ チュ チュ チュチュ チュ

チュ チュチュ チュ チュ チュ チュチュ チュ おおさわぎ

① 手遊びをしましょう。

「いっぴきの〜のねずみが〜」……1本指を背中の後から前に出してきます。

「あなぐらに〜」……もう一方の手（親指と人差し指）で丸い穴を作ります。

「おっこちて〜」……1本指を丸い穴の中に入れます。

「チュチュチュチュチュチュ…」……両手の人差し指をクロスさせてリズムをとります。

「おおさわぎ〜」……リズムに合わせて，両手を背中の後ろに隠していきます。

② 「野ねずみの数がだんだん増えていきますよ。」

歌詞に合わせて，指の数を増やしていきます（5匹までうたいましょう）。

③ 今度は野ねずみがだんだん少なくなっていきます。

「野ねずみさん，1匹だけ，お家に帰るんだって。バイバイ！」

「4匹になっちゃいました」。うたいましょう。

> **アドバイス**　野ねずみが1匹のときは弱めに（動作も小さく），野ねずみの数が増えるに従ってだんだん強く（動作も大きく）していきましょう。
> 　「おっこちて〜」で少しテンポをゆっくりしてみましょう。「て」のところで落っこちるように。

step 2　タンバリンを持って。

① 数人組になります。一人がタンバリンを両手で持ちます（タンバリンをあなぐらに見立てます）。他の人は、タンバリンを持っている人の周りを歩きながらうたいます。

「おっこちて〜」のところで、タンバリンを叩きましょう。

「チュチュチュ…」のところは、自由にスキップしましょう。

② 再び「いっぴきの〜」と始まったら、近くのタンバリンの周りを歩きながらうたいます。

step 3　楽器を叩いてみましょう。

「チュチュチュ…」のところで身近な楽器を叩いてみましょう。例えば、タンバリン、カスタネット、トライアングル、など。手作り楽器でもOKです。

ダイナミックス（強弱）に気をつけながら叩きましょう。弱く叩き初めてだんだんと強くしたり、小節ごとに強弱を変えたりしましょう。

step 4　手遊びや歌に慣れてきたら、輪唱にチャレンジしてみましょう。

手遊びをしながらうたいます。最初は幼児たちがうたい始めます。後から先生（大人）がうたいましょう。

アドバイス　動作をしっかりと動くこと、ビートにのってうたうこと、が成功の秘訣です。

〈神原〉

おわりに

　本書は，だれでも，参加できるリズム・ゲームを掲げました。これらの活動を通じて，音楽の楽しさや奥深さに気づくとしたら，それはわたしどもの最高の喜びと言えます。そして，この音楽参加を通じて，一人でも多くの子どもたちが新たな仲間と出会い，人とのかかわりを楽しむことができますように，心から願っております。

　ここに掲げたゲームの多くは，恩師や先輩の実践をヒントにして生まれたものです。初めてリトミック教育のすばらしさを教えていただいた板野平先生（国立音大名誉教授）。音楽の楽しさとその基礎の大切さを教えていただいた石井亨先生，江崎正剛先生（国立音大教授）。そしてリトミックをわかりやすく語られ，多くの音楽仲間を育てられてこられた岩崎光弘先生（リトミック研究センター会長）。その他，これまでに出会った多くの先生方の教えに学ぶところが大きく，本書はそうした人々に学んだ軌跡でもあります。

　今回の執筆に際して，多くの仲間が力を添えてくださいました。
　井上恵理さん，菅沼邦子さんは，リトミック誕生の地ジュネーブで学ばれた，いまや日本を代表するリトミシャンです。お二人は，幼い頃から同じ門下で学ばれた親友なのだそうです。その温かな人柄は，みなさんご存じの通りです。
　小見英晴さんは，作曲家という立場からリトミックの普及に尽力されている新進気鋭の音楽教育者です。今回，本書のためにオリジナルの優しい作品を提供してくださいました。
　有谿英彰さんは，ユニークな音楽教育実践家です。氏は現在，広島を中心として，うごきと即興演奏の体験を基礎に置いたオリジナルな音楽教育活動を展開されています。今回，その活動の一端をはじめて紙上で披露してくださいました。

　本書作成の過程では，田中健次さん（茨城大学教授）そして明治図書編集部の樋口雅子さんに，終始的確なアドバイスを頂戴しました。本当にありがたく，心強く思いました。
　最後に，これまで一緒にリトミックを学んできた子どもたちとその保護者の皆様，学生や研究生の皆さんに感謝します。皆さんがいてくれたから，わたしも，学び多きすてきな時を過ごすことができました。
　皆様に厚く御礼を申し上げたいと思います。

編著者　神原　雅之

【編著者】

神原　雅之（かんばら　まさゆき）……第2章・第3章・第4章・第6章
広島県出身。国立音楽大学教育音楽学科第Ⅱ類（リトミック専攻）卒業，広島大学大学院学校教育研究科修了（教育学修士）。現在，国立音楽大学教授，広島音楽アカデミー主事，リトミック研究センター広島第一支局チーフ指導者。日本ダルクローズ音楽教育学会理事，日本音楽教育学会会員，日本保育学会会員，等。幼児・児童の音楽教育，音楽能力の発達，即興演奏について研究。乳幼児学級講座，各地の教育委員会，公民館などの講師としても活躍中。
主な著書には，『ダルクローズ教育法によるリトミック・コーナー』（共著，チャイルド本社），『リトミック研究の現在』（共著，開成出版），他多数。訳書には，『子どものための音楽授業』（共訳，ふくろう出版），『リズム・インサイド』（共訳，ふくろう出版），『音楽的成長と発達』（共訳，渓水社），他。http://www3.to/mahsa

【執筆協力者】（順不同）

井上　恵理（いのうえ　えり／国立音楽大学講師，玉川大学講師，リズムの森主宰）
　　　　　　　　　　　　　　　　　　　　　　　　　　　　　　　……第1章
小見　英晴（おみ　ひではる／作曲家，リトミック研究センター新潟第一支局長）
　　　　　　　　　　　　　　　　　　　　　　　　……第2章・第3章・第6章
菅沼　邦子（すがぬま　くにこ／広島女学院大学講師）………………第5章
有谿　英彰（ありたに　ひであき／CHC音楽教室主宰，広島文教女子大学講師）
　　　　　　　　　　　　　　　　　　　　　　　　　　　　　　　……第7章

【イラスト】

林　美希（はやし　みき／国立音楽大学幼児教育専攻卒）

＊執筆担当は，それぞれのゲーム末尾に名前を記しています。

"体を楽器"にした音楽表現
リズム&ゲームにどっぷり！　リトミック77選

2006年10月初版刊　　©編著者　神原　雅之
2013年4月15版刊　　発行者　藤原　久雄
　　　　　　　　　　発行所　明治図書出版株式会社
　　　　　　　　　　　　　　http://www.meijitosho.co.jp
　　　　　　（企画）樋口雅子（校正）㈱友人社・松野
　　　　　　　　〒114-0023　東京都北区滝野川7-46-1
　　　　　　　　振替00160-5-151318　電話03(5907)6701
　　　　　　　　　　　　ご注文窓口　電話03(5907)6668
＊検印省略　　　　　印刷所　中央美版
本書の無断コピーは，著作権・出版権にふれます。ご注意ください。

Printed in Japan　　　　　　　ISBN4-18-770016-1
JASRAC 出　0611567-315